मेरा परिवार

महादेवी वर्मा

महादेवी वर्मा

मेरा परिवार

लोकभारती प्रकाशन

लोकभारती प्रकाशन
पहली मंजिल, दरबारी बिल्डिंग, महात्मा गांधी मार्ग
प्रयागराज-211 001
शाखाएँ : 1-बी, नेताजी सुभाष मार्ग, दरियागंज
नई दिल्ली-110 002
अशोक राजपथ, साइंस कॉलेज के सामने
पटना-800 006
1, अनमोल सोराबजी संतुक लेन, धोबी तलाव,
मरीन लाइंस, मुम्बई-400 002
वेबसाइट : www.lokbhartiprakashan.com
ईमेल : info@lokbhartiprakashan.com

पहला संस्करण : 2008
छठा संस्करण : 2023

बी.के. ऑफसेट
नवीन शाहदरा, दिल्ली-110 032
द्वारा मुद्रित

MERA PARIVAR
by Mahadevi Verma

ISBN : 978-81-8031-282-3

मूल्य : ₹ 395

उच्छ्वास इलाचन्द्र जोशी

महाकवयित्री श्रीमती महादेवी वर्मा ने अत्यन्त विनयवश ही अपनी इस कृति को 'मेरा परिवार' नाम दिया है। वास्तविकता यह है कि इस महाप्राणशील कवयित्री का परिवार बहुत विशाल है-कल्पनातीत रूप से विशाल। पंचतंत्र के जिस पशुपात्र ने घोर स्वार्थ की प्रवृति से प्रेरित होकर एक दूसरे पशुपात्र के कानों में यह उपदेश भरा था कि "उदारचरितानान्तु वसुधैव कुटुम्बकम्" उसके भीतर जीव-मात्र के प्रति प्रेम की संवेदना नहीं वरन् अत्यन्त दुष्टतापूर्ण चातुरी भरी थी। इसलिए महादेवी जी की उच्चतम-स्तरीय संवेदना के लिए उक्त बहुउद्धत और पिष्टपेषित 'सूक्ति' का उपयोग करने में अत्यन्त संकोच का अनुभव होता है, क्योंकि कवयित्री की संवेदना अत्यन्त मार्मिक और जन्म-जन्मान्तर की मानवीय अनुभूति के शोधन, परिशोधन और परिशोधन के सुदीर्घ योगाभ्यास के फलस्वरूप वर्षाकालीन निचिड़ मेघ के स्वतःस्फूर्त वर्षण और गहन पर्वत-प्रसूत निर्झर के अनिरुद्ध प्रवाह की तरह सहज-विमुक्त और निश्छल सृजनशील प्रकृति की आदिम गतिशीलता की तरह एकांत स्वाभाविक है। अपने एक-एक लघुत्तम और सर्वथा उपेक्षित मानवेतर पात्र की सूक्ष्म संवेदना को प्रकृति-माता के जिस अति-संवेदनशील राडार की तरह पकड़कर जो मर्म-मोहक अभिव्यक्ति दी है; वैसी स्पर्शातीत और ईथरीय भाव-ग्राहिता कोमल से कोमल अनुभूतिवाले कवियों में भी अधिक सुलभ नहीं है; पंचतंत्र के पशुपात्रों की तो बात ही क्या है।

वैसे मेरा यह निश्चित विचार है कि पंचतंत्र का लेखक चाहे जो भी रहा हो, वह निश्चित ही बहुत बड़ा पशु-प्रेमी रहा होगा; क्योंकि जैसी संवेदना

और भाव-बोध उसने अपने मानवेतर पात्रों में भरने का प्रयास किया है, वह साधारण मनुष्यों के बोध और अनुभूति के स्तर की सीमा को भी अक्सर लाँघ जाती है। घोर स्थूल यथार्थ-बोध और ईथर-लोक के सूक्ष्म भाव-बोध का सहज समन्वय पंचतंत्र में भी किसी हद तक यदाकदा और यत्र-तत्र वर्तमान पाया जाता है।

पर मेरा उद्देश्य पंचतंत्र और 'मेरा परिवार' के बीच किसी प्रकार के तुलनात्मक दृष्टिकोण की स्थापना नहीं बरन् दोनों के बीच दुर्लघ्य खाई के महा-विस्तार के बीच की अपार असमानता का निदर्शन है।

वास्तविकता तो यह है कि महादेवी जी ने कुछ विशिष्ट मानवेतर प्राणियों के प्रति अपनी जिस सहज, सौहार्द्र और एकांत आत्मीयता की अभिव्यंजना का जो अपूर्व कला-कौशल अपने इन चित्रों में व्यक्त किया है, वह केवल उनकी अपनी ही कला की विशिष्टता की दृष्टि से नहीं वरन् संसार-साहित्य की इस कोटि की कला के समग्र क्षेत्र में भी बेमिसाल और बेजोड़ है। ये कृतियाँ मानवीय भावज्ञता, संवेदना और कलात्मक प्रतिभा के अपूर्व निदर्शन की दृष्टि से शाब्दिक अर्थ में अपूर्व और अद्‌भुत कलात्मक चमत्कार के नमूने हैं। करौं काह मुख एक प्रशंसा? एक मुख से उनकी कला की प्रशंसा कैसे करूँ! क्योंकि ये शब्द-चित्रण अनेक दृष्टिकोणों से प्रशंसा की अतिशयोक्ति की सीमा को भी पार कर जाते हैं।

महादेवी जी की आश्चर्यजनक काव्य-कला के एक-से-एक बढ़कर अपूर्वलक्षित नमूने जब उनके साहित्यिक जीवन के प्रारंभिक काल में हमारे साहित्यालोचकों के दृष्टि-क्षेत्र के घेरे के भीतर आए, तब उन्होंने काव्य-पारखियों की आँखों से ऐसी चकाचौंध लगा दी कि वे मुग्ध होने के साथ ही स्तब्ध भी रह गये। किसी प्रकार उस चकाचौंध से अपने को उबारने के बाद जो प्राथमिक प्रतिक्रियाएँ उनकी लेखनियों से बरबस विविध पत्र-पत्रिकाओं या पुस्तकों में व्यक्त हुई वे शुद्ध प्रशंसा के सिवा और कुछ नहीं थीं। तुलना के लिए हमारे समीक्षकों को पिछले क्षितिजों में मीरा के अतिरिक्त और कोई नहीं कवयित्री नजर आई। जल्दी ही 'मीरा और महादेवी' यह एक साहित्यिक नारा बन गया, हालाँकि मीरा न तो (शुद्ध साहित्यिक अर्थ में) कोई कवयित्री थी न कला-संबंधी विविध चमत्कारों

को अपने प्रतिभा में समेटे रहनेवाली कोई जादूगरनी ही। वह तो विशुद्ध भक्ति-रस में डूबी, हुई अपूर्व आध्यात्मिक क्षमतावाली एक महा-तापसी थी। यह ठीक है कि भक्ति-रस में सभी साहित्यिक रस और भाव अपने उन्नततम रूप में समन्वित होते हैं। पर उच्चतम कोटि की बहुमुखी कला के विविध रूपों के नव-नवोन्मेषशाली क्रीड़ा-कौशल के चित्र-विचित्र कौतुक-निक्षेपणों का वैभव-विलास उनकी समन्वयात्मक भावानुभूति के दायरे के भीतर नहीं आता। इसलिए मीरा से महादेवी जी की तुलना के कृत्रिम और आरोपित प्रयास की असंगति शीघ्र ही कला-पारखियों के आगे आने लगी। हमारे तत्कालीन साहित्य-समीक्षकों ने जब कालान्तर में महादेवी जी की निरंतर विकासशील काव्य-प्रतिभा के नये-नये आयामों और नित-नूतन चमत्कारों पर दृष्टि डाली तब वे और अधिक अप्रतिभ हो गये और अपनी समीक्षा की विसंगति स्वयं उन्हें कचोटने लगी। ज्यों-ज्यों वे महादेवी नाम की इस अद्‌भुत प्रतिभाशालिनी नारी के कला और विकला के विविध क्षेत्रों पर आश्चर्यजनक अधिकार, कला-संबंधी बहुरंगी वैचित्र्य के विस्मयकारी सौष्ठव और कल्पनातीत चित्रकारी के चमत्कार के नव-नवरूपों की विमोहकता का परिचय प्राप्त करने लगे त्यों-त्यों प्रतिभा के उस विराट् रूप से निष्प्रभ होकर अपनी समीक्षा के सीमित दायरे से स्वयं खीझ उठे, जिसकी मनोवैज्ञानिक प्रतिक्रिया यह हुई कि वे उस नवाविर्भूत कवयित्री की काव्य-कला में 'अतिरंजित भावकता' और अधकचरी रोमांटिक अनुभूति के अतिशय्या का दोषारोपण करने लगे। कुछ ढीठ आलोचक आपसी गोष्ठियों में यहाँ तक घोषित करने लगे कि "महादेवी जी को हमीं लोगों ने आगे बढ़ाया है और हमीं उन्हें उनकी निम्नतम सीमा तक समेट भी देंगे।" उन लोगों की सीमित कल्पना में यह बात कहीं कण-मात्र भी प्रविष्ट नहीं हो पायी कि किसी यथार्थ और महान् प्रतिभा के बीच-कण जब अपनी स्वाभाविक विकास-यात्रा के विस्तृत क्षेत्र में अपने विराट् रूप के वास्तविक प्रदर्शन के लिए तुल जाते हैं, तब वह कला-मात्र की सीमाओं और निरन्तर वर्द्धमान आयामों के साथ खुलकर खेलने लगते हैं और फलस्वरूप अपने चारों ओर ऐसी चकाचौंध लगानेवाला प्रकाश-पुंज बिखेर देते हैं कि किस दिशा से उसकी अवधारणा की जाय यह बात गतानुगतिक समीक्षकों की चुँधियाई आँखे तनिक भी

निश्चित नहीं कर पातीं और तब उसे तीव्र प्रकाश-पुंज के मूल उत्स को ही गाली देने या उसकी तीव्र निन्दा करने का पर्व सामूहिक रूप से आरम्भ हो जाता है। किशोरी कवयित्री जब आगे बढ़कर अपने विराट् आयामों का विस्तार करती चली गयी तब उसकी प्रतिभा के विस्तार की दिशाएँ भी विस्तृत होती चली गयीं और उसकी तथाकथित 'थोथी किशोर भावुकता' भावाज्ञात की गहराइयों में डूबकर उतराने लगी और उसकी कविताओं की उस गहराई की थाह पा सकना रूढ़िवादी साहित्यालोचकों के लिए असम्भव होता दिखाई देने लगा। एक नारी की सहज प्रतिभा इस कदर आगे बढ़ती चली जाय, इस चुनौती को अपने पौरुष का दावा करनेवाले पुरुष आलोचक कैसे अनुत्तरित रहने दे सकते थे? फलस्वरूप आक्रामक आलोचना के नये-नये 'टैनजेन्ट' नुमा बाणों की वर्षा उनकी काव्य-प्रतिभा पर होने लगी। पर किसी भी 'टैनजेन्ट' को चाहे किसी भी सीमा तक प्रसारित क्यों न किया जाय, वह किसी भी लक्ष्य तक पहुँचने में असफल ही सिद्ध होता है, यह ज्यामिति का मूलगत नियम है।

महादेवी जी की काव्य-प्रतिभा पर जो-जो आरोप विभिन्न दिशाओं से लगाये जाने लगे, उनमें एक यह भी था कि कविता का भाव-लोक तो रबर की तरह होता है, उसे जहाँ से भी, जिस किसी भी दिशा की ओर खींचा जाय वह आसानी से उसी ओर खींचा जा सकता है; और महादेवी जी ने अपनी कविताओं में इसी 'चालाकी' से काम लिया है। साथ ही इस पुराने नारे को नये सिरे से दोहराया जाने लगा कि 'गद्यं कवीनां निकषं वदन्ति।' किसी कवि की काव्य-प्रतिभा की वास्तविकता की परख उसके गद्यात्मक कला-कौशल से होता है, क्योंकि गद्य ही काव्य-प्रतिभा की सच्ची कसौटी है।''

महादेवी जी की बहुमुखी प्रतिभा इसके पहले सूक्ष्म काव्यात्मक शब्द-चित्र-कला से उबरकर रंगमयी चित्र-कला के रूप में परिमार्जित होकर सांध्य-गीत में अवतरित हुई फिर अब 'कबीनां निकषं' के रूप में उसका रचनात्मक गद्य हमारे सामने है। इन गद्य-चित्रों के पात्र भले ही मानव न हों, पर हैं वे सब मानवीय संवेदना के सूक्ष्मतर अनुभूति से ओत-प्रोत। उन सभी मानवेतर पात्रों की गतिविधि की संचालिका के रूप में कवयित्री

का व्यक्तित्व इन चित्रों में अपनी परिपूर्ण मानवीयता के साथ उभरकर पग-पग पर पाठक की चेतना के अणु-अणु में अपने अमृत-स्पर्श का संचार करता चला जाता है।

रवीन्द्रनाथ ने विश्व-विख्यात वैज्ञानिक आइन्स्टाइन के साथ अपने एक दार्शनिक वार्त्तालाप के दौरान कहा था कि "मानवीय संवेदना विश्व-प्रकृति के सम्पूर्ण दायरे के कण-कण को छाये हुए है।" यह बात उन्होंने आइन्स्टाइन के उस प्रश्न के उत्तर में की थी जिसमें महान् वैज्ञानिक ने पूछा था कि "क्या सृष्टि-चक्र का कोई तत्त्व मानवीय व्यक्तित्व की संवेदनशीलता के दायरे से एकदम मुक्त, अछूता और निरपेक्ष नहीं है? रवीन्द्रनाथ ने इस सम्बन्ध में अपना यह विश्वास प्रकट किया था कि मानवीय संवेदना के बाहर किसी भी तत्त्व का अस्तित्त्व वह नहीं मानते- यहाँ तक कि खगोलीय महा-प्रकाश-पिण्डों के मूल में जो गणित-संबंधी सिद्धान्त अपनी अटल सत्ता में स्थित हैं वे भी मानवीय संवेदना से परे नहीं हैं, क्योंकि बिना मानवीय संवेदना के उनकी अवधारणा ही सम्भव नहीं है। महादेवी जी की सभी सर्जनात्मक कृतियों (गद्य और पद्य दोनों) में इसी मानवीय संवेदना का जयगान निनादित हुआ है। और उनके पात्र चाहे पशु हों, चाहे पंछी, चाहे सरीसृप (अथवा कीट-पतंग ही क्यों न हों) वे सब उसी संवेदना के माध्यम से मुखर और सक्रिय दिखाई देते हैं। इस जादू के मूल में कवयित्री की कोई 'फेन्टेस्टिक' कल्पनाशीलता नहीं है वरन् मानवीय प्राणों की वही आधारभूत संवेदना है जो उनकी सारी साहित्यिक चित्रकला के अणु-अणु को निरन्तर स्पंदित किये हुए है।

हाँ, तो 'गद्यं कवीनां निकष वदन्ति' के सिद्धान्त के समीक्षक देखें, कवयित्री के इन पारिवारिक चित्रों में स्थूल गद्य का चमत्कार, इसका परिमार्जन और सौन्दर्य-प्रसाधन। वे देखें कि अपने अत्यंत सरल और रोजमर्रा के प्रांजल गद्य से इस अद्‌भुत प्रतिभासंपन्न और अपूर्व क्षमताशील जादूगरनी ने अपने प्राणों के वैद्युतिक स्पंदन द्वारा स्थूल गद्य को किस संजीवनी-घोल में परिणत कर दिया है। यदि सूक्ष्म काव्य-कला-तत्त्व से भी अधिक सूक्ष्म और वायवीय कोई तत्त्व हो सकता है तो महादेवी के यह गद्यचित्र उसी के ज्वलंताएँ सजीव और सहज निदर्शन हैं।

कवयित्री के इतने वर्षों के शिल्प-विकास के चरम रूप का पूर्ण निखार स्फटिक की तरह-तरह उज्जवल धाराओं में निर्झर की तरह श्वेत पत्थरों पर टूट-टूट कर बिखरता हुआ, आनन्दमयी क्रीड़ा द्वारा कुलकुलाता हुआ फेनिल हास बिखेर रहा है। यह न गद्य है न पद्य, न काव्य-स्फुरण है न मात्र रेखा-चित्रण। यह एक बिल्कुल ही नयी विधा है, जिसका उपयुक्त नामकरण होने में अभी समय लगेगा।

पशु-पक्षियों के साथ प्रतिदिन के साधरण क्रीड़ा-कौतुक की जमीन पर कवयित्री ने अपने जादुई शिल्प के जो नमूने पाठकों के आगे उपस्थित किये हैं, उनमें स्थूल पार्थिव जीवन को सूक्ष्म आध्यात्मिक संवेदना के स्तर तक उभारकर रख दिया गया है। महाकवि गेटे ने शकुन्तला को स्वर्ग और मर्त्य के समन्वय का (अर्थात केवल दो तत्त्वों के मेल का) आदर्श बताया था। महादेवी ने अपनी संवेदना को केवल दो ही नहीं, 'भुः भुवः और स्वः—इन तीनों आयामों में प्रसारित करके रख दिया है। ऐसी व्यापकता, गहराई और ऊँचाई है उनकी कला में! एक साधारण से लघु-प्राणी गिल्लू (उनकी गिलहरी का यही नाम है) को उसके मानवेतर जीवन के क्षुद्र कोटगत मंच से इस सफाई के साथ मानवीय मंच के व्यापक परिप्रेक्ष्य में उभारकर उतारा गया है कि साँस को बार-बार रोककर उस नाटक के क्लाइमेक्स की उत्सुकता की पूर्ति के लिए उन्मुख होना पड़ता है। यही जादू उनकी गौरा (गाय), नीलू (कुत्ता), सोना (हिरनी), दुर्मुख (खरगोश) आदि जीवों के जीवन-इतिहास-चित्रण में अमृत -स्पर्श की तरह व्याप्त पाया जाता है।

से सभी चित्र समग्र विश्व-साहित्य के इतिहास-काल में अपनी विशिष्टता बराबर बनाये रखेंगे, इस विश्वास के साथ अपने उच्छ्वास का संवरण कर रहा हूँ।

—इलाचन्द्र जोशी

आत्मिका | महादेवी

स्मृति-यात्रा में पशु-पक्षी ही मेरे प्रथम संगी रहे हैं, किन्तु इसे दुर्योग्य ही कहा जायेगा कि ननुष्य ने उनसे यह प्राथमिकता अनायास छीन ली।

सन् 18 में जब मैंने क्रास्थवेट गर्ल्स कालेज में पाँचवीं कक्षा की विद्यार्थिनी के रूप में प्रवेश किया, तब मन में पढ़ने का उत्साह घर से दूर आने के विषाद से अधिक था, किन्तु ज्यों-ज्यों उस वातावरण से मन की अनमिलता बढ़ती गई त्यों-त्यों विषाद की मात्रा भी अधिक होती गई।

उस समय छात्रावास के प्रत्येक कमरे में दो बड़ी तथा दो छोटी विद्यार्थिनियों के रहने की व्यवस्था थी। सम्भवतः इस प्रबन्ध के मूल में यह सदिच्छा रही होगी कि बड़ी विद्यार्थिनियाँ छोटी बहिनों की देखरेख की अभ्यस्त रहें और छोटी बालिकाएँ बड़ी बहिनों के अनुशासन में रहना न भूलें। परन्तु इस अनमिल व्यवस्था का परिणाम छोटी बालिकाओं के लिए सुखद नहीं हो सकता था। छोटे होने का संकोच स्वाभाविक था, उसे नयेपन का अपरिचय अधिक बढ़ा देता था। एक ही कक्ष के घेरे में दोहरे संकोच का भार छोटी बालिका को विद्रोही बना देता था और किसी को कुंठित। वे कमरे के डेस्क, कुर्सी, आलमारी आदि साफ करने से लेकर बड़ी विद्यार्थिनियों के सुखाये हुए कपड़े उठाना, उनके लिए कमरे में चाय-नाश्ता लाना आदि कार्य कभी मन से कभी बे मन से करती रहती थीं। इसके अतिरिक्त बड़ी विद्यार्थिनियों के मनोरंजन के लिए उनके आदेश पर गाने-नाचने से लेकर मुर्गा बनने तक का कर्त्तव्य उन्हें सँभालना पढ़ता था। स्पष्ट ही यह स्थिति मेरे लिए दुर्वह थी।

काम करना तो सेवा के अन्तर्गत आ जाता था, अत: उससे एक प्रकार की संस्कारगत् आत्मतुष्टि सहज थी। परन्तु किसी के आदेश पर विविध चेष्टाओं द्वारा उसका मन बहलाना, एक शब्दहीन आक्रोश को जन्म देता था।

इस दृष्टि से मेरी बहिन श्यामा मुझसे भिन्न थी। उसके विचार से किसी के आदेश पर रोना, विलाप करना असंभव था, किन्तु गाना तो उतना ही स्वाभाविक माना जा सकता था जितना देखना या सुनना। क्या हमारी आँखें या हमारे कान देखने-सुनने के लिए किसी के आदेश की प्रतीक्षा करते हैं? फिर गाना या नाचना अस्त्र भी बन सकता है। कोई गाने के लिए कह सकता है, परन्तु कण्ठ को अधिक मधुर बनाने के लिए नहीं कह सकता। हम ऐसे बेसुरे गर्दभ स्वर में गा सकते हैं कि सुननेवाले कान बन्द कर भाग जावें और नृत्य के नाम पर ऐसे चक्कर लगाये जा सकते हैं कि देखनेवालों को चक्कर आ जाये। उस तर्क या कुतर्क का उत्तर मेरे पास नहीं था, परन्तु दूसरे के अस्त्रों का प्रयोग मुझसे कभी हो नहीं पाया। घड़ी के पेण्डुलम के समान, वातावरण के प्रति उदासीनता ने मेरे मन को घर, बाबू जी, माँ, छोटे भाई रामा आदि की ओर पूरे वेग से मोड़ दिया। इस स्मृत्यावर्त्तन के साथ अपने पाले पशु-पक्षियों की चिन्ता भी मन को आकुल करने लगी।

अनुभूति की तीव्रता ही हमारे मनोजगत् में कोई संस्कार छोड़ जाती है और यह तीव्रता अनुभूत विषय के महत्त्वपूर्ण या तुच्छ होने पर निर्भर नहीं रहती। बालक के लिए खिलौना टूटने की दुखद अनुभूति भी इतनी तीव्र और सत्य हो सकती है, जितनी वयस्क की आत्मीय जन के विछोह की न हो। इसी से मनोवैज्ञानिकों के निकट-बाल्याकाल की सुख-दुःखात्मक परिस्थितियों का विशेष महत्त्व है।

पश्चिमी सीमा पर कालेज का एक आम, अमरूद, नीबू, कटहल आदि का बगीचा था, जिसे किसी काछिन ने ठेके पर ले रखा था। अनुकूल परिवेश की खोज में भटकते मन ने वहाँ कब एक विश्रान्तिका पा ली, यह मुझे तब पता चला, जब उस बाग के अभाव में सब कुछ रिक्त और फीका लगने लगा।

एक आम के पेड़ की दो-तीन डालें इतनी नीची थीं कि उन पर बैठना सहज था। कक्षा के समाप्त होते ही मैं कागज, कलम, पुस्तक आदि की साज-सज्जा के साथ आम की डाल पर कभी पैर लटकाकर और कभी पद्मासन की मुद्रा में जा बैठती थी। अपने आपको आश्वासन देने के लिए पुस्तक खोलकर सामने रख अवश्य लेती थी, किन्तु पढ़ने के प्रिय विषय तो पुस्तक के कारागार से मुक्त होकर बाहर चलते-फिरते दीखते थे। किसी आदमी को सामने देखकर क्या हम पुस्तक खोलकर उसके नाक, कान, आँख आदि के विषय में जानकारी प्राप्त करते हैं?

बागवाली के तीन काले नंग-धड़ंग बच्चे एक-दो दिन सहमे से पेड़ों की ओट में छिपकर कुतूहल से मुझे देखते रहे। फिर धीरे-धीरे मानो मानुस गंध से सजातीयता का अनुभवकर पास आने लगे। कभी वे सकुचाते-सकुचाते मेरे कपड़े छूकर देखते और कभी आम की डाल से इस प्रकार लटक जाते कि मुझे हिंडोला झूलने का आनन्द मिलने लगता। बागवाली ने एक चितकबरी बकरी और एक पीली चोंचवाली सफेद मुर्गी भी पाल रखी थी। कुछ दिन आशंका से दूर-दूर रहने के उपरान्त बकरी डाल के नीचे बैठने लगी और मुर्गी फुदक-फुदककर डाल और जमीन को एक करने लगी। अब इतने संगियों के लिए छात्रावास से रोटी या मिठाईवाली से कुछ खरीदकर लाना आवश्यक हो गया। बागवाली भी कभी एक अमरूद या नीबू दे जाती और कभी मुट्ठी भर भुने चने और गुड़ की डली।

अध्यापिकाओं और अन्तेवासिनियों पर मेरी इस पढ़ाई-लिखाई का बहुत अच्छा प्रभाव पड़ा। इतने छोटी कक्षा की छोटी विद्यार्थिनी और उसका सारा समय पढ़ने-लिखने को समर्पित! न खेलने का अवकाश न खाने की चिन्ता। और तो और, बोलना भी उसके लिए व्यर्थ समय गँवाना हो गया। उनके लिए मेरा अध्ययन तपस्या से कम नहीं था, क्योंकि उनके विचार में बाग में बकरी और मुर्गी की दुर्गन्ध फैलानेवाली हवा बहती थी, मलिन नंगे बच्चे कोलाहल करते रहते थे और पीले सूखे पत्ते झड़ते रहते थे।

पर मेरे मन ने जिस सौन्दर्य का परिचय पा लिया था, उसका पता किसी को नहीं मिल सका। वसन्त में जब आम सुनहली मंजरियों से लद जाता था तब ऊपर की शाखा पर पत्तों में छिपकर कोयल बोलती थी।

नीचे की डाल पर झूलती हुई मैं जितनी बार कोयल की कूक का अनुकरण करती थी उतनी ही बार वह प्रत्युत्तर देती रहती थी और बागवाली के तीनों बच्चे ताली बजा-बजाकर कुतूहली-दर्शकों की भूमिका निबाहते थे।

आम-अमरूद के वृक्षों में फल लग जाने पर झुण्ड के झुण्ड तोते डालियों पर ऐसे पंक्तिबद्ध बैठ जाते थे कि फलों की वन्दनवार का भ्रम होने लगता था। हर झोंका आम्रमंजरी, नीबू के फूल आदि की सम्मिलित मधुर-तिक्त गन्ध की बौछार करता हुआ बह जाता था। कभी-कभी एक उदासीन-सा नीलकण्ठ आम की फुनगी पर बैठ जाता था और कभी-कभी एक चकित-सा कौवा। पिडुकी, गौरैय्या आदि के झुण्ड तो स्वरों की हाट ही लगाये रहते थे।

आम के सघन और चंचल पत्तों से छनकर धूप की रेखाएँ डालियों पर गिर-गिरकर काँपती रहती थीं। उन्हें देखकर लगता था मानो कोई अलक्ष्य माली नीलम के हजारे में भरे सुनहले जल से आम की डालों को ऊपर से सींच रहा है और वे तरल बूँदें बहकर सुनहली रेखाएँ बनाती हुई नीचे आ रही हैं।

उसी वसन्त में बागवानी की सफेद मुर्गी को पंख फुलाये हुए, अपने पाँच बच्चों के साथ देखा, जो सेमल की रुई के गेंदों के समान लग रहे थे। सामान्य हिन्दू घरों के समान हमारे यहाँ मुर्गी कभी पाली नहीं गई थीं, अतः मेरे लिए वे कुक्कुट-शावक इतने नवीन थे कि मैंने अपने सब साथियों को छोड़कर उन्हीं में अपना ध्यान केन्द्रित कर दिया।

बाग में पहुँचते ही मैं सबसे पहले मुर्गी के बच्चों को एक-दो-तीन कर के गिन लेती थी। फिर एक-एक को हाथ में उठा कर उसे चोंच से लेकर पंजों तक रूमाल से पोंछ देती थी और तब काकुन या कोई और दाना उनको बिखेरने के उपरान्त ही आम की डाल पर समासीन होती थी।

एक दिन पाँचवाँ कुक्कुट-शावक नहीं दिखाई दिया। पूछने पर बागवाली ने बताया कि उसे छात्रावास में रहनेवाली नई मिस साहब ले गई हैं। जिज्ञासा हुई इतने छोटे जीव को वे कैसे पालेंगी! मेरे अज्ञान पर बागवाली का हँसना स्वाभाविक था, परन्तु ज्ञान का वरदान मेरी जिस व्यथा का कारण हुआ, उसका संस्कार अब तक शेष हो तो आश्चर्य नहीं।

वह लघु-लघु गात कुक्कुट नई मिस साहब के व्यंजनों की संख्या बढ़ाने के लिए प्राण देगा, यह बागवाली से जानकर मुझे पहली बार अपनी विवशता पर रोना आया। तत्कालीन मेट्रन मुझ पर विशेष ममता रखती थी, अत: मेरे भोजन न करने और अनवरत क्रन्दन से उन्हें, चिन्ता हुई। "मेरे बच्चे को नई मिस साहब ने मारकर खा लिया है' सुनकर उसका अर्थ समझने में उन्हें कुछ समय लगा। संयोग से कुक्कुट-शावक को सन्ध्या समय व्यंजन में परिवर्तित होना था; अत: खानसामा ने उसे डलिया में बन्द कर रखा था।

मुझे उस दिन वह छोटा कुक्कुट वापस मिल गया और मैं उसे उसकी माँ के पास छोड़ भी आई। परन्तु इसके उपरान्त मुझे एक अनाम आशंका ने आ घेरा। यदि मैं अपने मानवेतर संगियों की संख्या, परिचय-चिह्न आदि स्मरण न रख सकूँ तो इन्हें कोई भी उठा ले जा सकता है। इन पर अपना संरक्षकत्व प्रमाणित करने के लिए मेरे पास कोई साधन नहीं।

अत: मैंने सबसे पहले मृत्यु के द्वार से लौटे कुक्कुट-शावक के परिचय-चिह्नों को शब्दायित किया।

संख्या 5—रंग पीलापन लिये सफेद, आँखें गोल लाल रूबी के रंग की। चोंच गुलाबी जिसके किनारे पीली रेखाएँ हैं। पंजे गहरे लाल, नाखून सफेद, चलने में डगमगाता है। पंख कुछ-कुछ निकले हैं, उनकी नोंक पर कत्थई बूँदे हैं। काकुन या टूटे चावल खा सकता है।

नाम रखा गया—मूँगा।

*　　　*　　　*

इस प्रकार सब पशु-पक्षियों के सख्या, रंग, विशेष लक्षण, नाम आदि लिख लिए गए। उस समय ज्ञात नहीं था कि भविष्य में ऐसे स्मत्यंकन की परम्परा अटूट हो जायेगी। परन्तु बालक-पन की इसी गद्यात्मक अभिव्यक्ति के बाजू पर मेरे सारे संस्मरण अंकुरित, पल्लवित और पुष्पित हुए हैं।

15-5-72

—**महादेवी**

अनुक्रम

नीलकंठ : मोर

प्रयाग जैसे शान्त और सांस्कृतिक आश्रम-नगर में नखास-कोना एक विचित्र स्थिति रखता है। जितने दंगे-फसाद और छुरे-चाकूबाजी की घटनाएँ घटित होती हैं, सबका अशुभारम्भ प्राय: नखासकोने से ही होता है।

उसकी कुछ और भी अनोखी विशेषताएँ हैं। घास काटने की मशीन के बड़े-चौड़े चाकू से लेकर फरसा, कुल्हाड़ी, आरी, छुरी आदि में धार रखनेवालों तक की दूकानें वहीं हैं। अत: गोंठिल चाकू-छूरी को पैना कराने के लिए दूर जाने की आवश्यकता नहीं है। आँखों का सरकारी अस्पताल भी वहीं प्रतिष्ठित है। शत्रु-मित्र की पहचान के लिए दृष्टि कमजोर हो तो वहाँ ठीक करायी जा सकती है, जिससे कोई भूल होने की सम्भावना न रहे। इसके अतिरिक्त एक और अस्पताल उसी कोने में गरिमापूर्ण ऐतिहासिक स्थिति रखता है। आहत, मुमूर्ष व्यक्ति की दृष्टि से यहाँ विशेष सुविधा है। यदि अस्पताल के अन्त:करणों में स्थान न मिले, यदि डॉक्टर, नर्स आदि का दर्शन दुर्लभ रहे तो बरामदे-पोर्टिको आदि में विश्राम प्राप्त हो सकता है और यदि वहाँ भी स्थानाभाव हो, तो अस्पताल के कम्पाउण्ड में मरने का संतोष तो मिल ही सकता है।

हमारे देश में अस्पताल, साधारण जन को अन्तिम यात्रा में संतोष देने के लिए ही तो हैं। किसी प्रकार घसीटकर, टाँगकर उस सीमा-रेखा में पहुँचा आने पर बीमार और उसके परिचारकों को एक अनिर्वचनीय आत्मिक सुख प्राप्त होता है। इससे अधिक पाने की न उसकी कल्पना है, न माँग। कम-से-कम इस व्यवस्था ने अंतिम समय मुख में गंगाजल, तुलसी, सोना डालने की समस्या तो सुलझा ही दी है।

यहाँ मत्स्य क्रय-विक्रय केन्द्र भी है और तेल-फुलेल की दूकान भी, मानो दुर्गन्ध-सुगन्ध में समरसता स्थापित करने का अनुष्ठान है।

पर नखासकोने के प्रति मेरे आकर्षण का कारण उपयुक्त विशेषताएँ नहीं हैं। वस्तुत: वह स्थान मेरे खरगोश, कबूतर, मोर, चकोर आदि

जीव-जन्तुओं का कारागार भी है। अस्पताल के सामने की पटरी पर कई छोटे-छोटे घर और बरामदे हैं, जिनमें ये जीव-जन्तु तथा इनके कठोर हृदय जेलर दोनों निवास करते हैं।

छोटे-बड़े अनेक पिंजरे बरामदे में और बाहर रखे रहते हैं, जिनमें दो खरगोशों के रहने के स्थान में पच्चीस और चार चिड़ियों के रहने के स्थान में पचास भरी रहती हैं। इन छोटे जीवों को हँसने-रोने के लिए भिन्न ध्वनियाँ नहीं मिली हैं। अत: इनका महा-कलरव महा-क्रन्दन भी हो तो आश्चर्य नहीं। इन जीवों के कष्टनिवारण का कोई उपाय न सूझ पाने पर भी मैं अपने आपको उस ओर जाने से नहीं रोक पाती। किसी पिंजड़े में पानी न देखकर उसमें पानी रखवा देती हूँ। दाने का अभाव हो तो दाना डलवा देती हूँ। कुछ चिड़ियों को खरीदकर उड़ा देती हूँ। जिनके पंख काट दिये गये हैं, उन्हें ले आती हूँ। परन्तु फिर जब उस ओर पहुँच जाती हूँ, सब कुछ पहले जैसा ही कष्टकर मिलता है।

उस दिन एक अतिथि को स्टेशन पहुँचाकर लौट रही थी कि चिड़ियों और खरगोशों की दूकान का ध्यान आ गया और मैंने ड्राइवर को उसी ओर चलने का आदेश दिया।

बड़े मियाँ चिड़ियावाले की दूकान के निकट पहुँचते ही उन्होंने सड़क पर आकर ड्राइवर को रोकने का संकेत दिया। मेरे कोई प्रश्न करने के पहले ही उन्होंने कहना आरम्भ किया, "सलाम गुरु जी! पिछली बार आने पर आपने मोर के बच्चों के लिए पूछा था। शंकर गढ़ से एक चिड़ीमार दो मोर के बच्चे पकड़ लाया है, एक मोर है, एक मोरनी। आप पाल लें। मोर के पंजों से दवा बनती है, सो ऐसे ही लोग खरीदने आये थे। आखिर मेरे सीने में भी तो इन्सान का दिल है। मारने के लिए ऐसी मासूम चिड़ियों को कैसे दे दूँ। टालने के लिए मैंने कह दिया, "गुरु जी ने मँगवाये हैं। वैसे यह कम्बख्त रोजगार ही खराब है। बस, पकड़ो-पकड़ो, मारो-मारो।"

बड़े मियाँ के भाषण की तूफान मेल के लिए कोई निश्चित स्टेशन नहीं है। सुननेवाला थककर जहाँ रोक दे, वहीं स्टेशन मान लिया जाता है।

इस तथ्य के परिचित होने के कारण ही मैंने बीच ही में उन्हें रोककर पूछा, "मोर के बच्चे हैं कहाँ? बड़े मियाँ के हाथ के संकेत का अनुसरण करते हुए मेरी दृष्टि एक तार के छोटे से पिंजड़े तक पहुँची, जिसमें तीतरों के समान दो बच्चे बैठे थे। मोर हैं, यह मान लेना कठिन था! पिंजड़ा इतना संकीर्ण था कि वे पक्षी-शावक जाली के गोल फ्रेम में कसे-जड़े चित्र-जैसे लग रहे थे।

मेरे निरीक्षण के साथ-साथ बड़े मियाँ की भाषण-मेल चली जा रही थी। "ईमान कसम, गुरु जी, चिड़ीमार ने मुझसे इस मोर के जोड़े के नकद तीस रुपये लिये हैं। बारहा कहा, भई जरा सोच तो अभी इनमें मोर की कोई खासियत भी है कि तू इतनी कीमत ही माँगने चला! पर वह मूँजी क्यों सुनने लगा। आपका खयाल करके अछता-पछताकर देना ही पड़ा। अब आप जो मुनासिब समझे।" अस्तु, तीस चिड़ीमार के नाम के और पाँच बड़े मियाँ के ईमान के देकर जब मैंने वह छोटा पिंजरा कार में रखा तब मानो वह जाली के चौखटे का चित्र जीवित हो गया। दोनों पक्षी-शावकों के छटपटाने से लगता था, मानो पिंजड़ा ही सजीव और उड़ने योग्य हो गया है।

घर पहुँचने पर सब कहने लगे, तीतर है, मोर कहकर ठग लिया।

कदाचित् अनेक बार ठगे जाने के कारण ही ठगे जाने की बात मेरे चिढ़ जाने की दुर्बलता बन गई है। अप्रसन्न होकर मैंने कहा, "मोर के क्या सुर्खाब के पर लगे हैं। है तो पक्षी ही। और तीतर-बटेर क्या लम्बी पूँछ न होने के कारण उपेक्षा योग्य पक्षी हैं?" चिढ़ा दिये जाने के कारण ही सम्भवतः उन दोनों पक्षियों के प्रति मेरे व्यवहार और यत्न में कुछ विशेषता आ गई।

पहले अपने पढ़ने-लिखने के कमरे में उनका पिंजड़ा रखकर उसका दरवाजा खोला, फिर दो कटोरों में सत्तू की छोटी-छोटी गोलियाँ और पानी रखा। वे दोनों चूहेदानी-जैसे पिंजड़े से निकलकर कमरे में मानो खो गये। कभी मेज के नीचे घुस गये, कभी आलमारी के पीछे। अन्त में इस लुका-छिपी से थककर, उन्होंने मेरी रद्दी कागजों की टोकरी को अपने

नये बसेरे का गौरव प्रदान किया। दो-चार दिन वे इसी प्रकार दिन में इधर-उधर गुप्तवास करते और रात में रद्दी की टोकरी में प्रकट होते रहे। फिर आश्वस्त हो जाने पर कभी मेरी मेज पर, कुर्सी पर और कभी मेरे सिर पर अचानक अविर्भाव होने लगे। खिड़कियों में तो जाली लगी थी, पर दरवाजा मुझे निरन्तर बन्द रखना पड़ता था। खुला रखने पर चित्रा (मेरी बिल्ली)इन नवागन्तुकों का पता लगा सकती थी और तब उसकी शोध का क्या परिणाम होता, यह अनुमान करना कठिन नहीं है। वैसे वह चूहों पर भी आक्रमण नहीं करती, परन्तु यहाँ तो सर्वथा अपरिचित पक्षियों की अनधिकार चेष्टा का प्रश्न था। उसके लिए दरवाजा बन्द रहे और ये दोनों (उसकी दृष्टि में) ऐरे-गैरे मेरी मेज को अपना सिंहासन बना लें, यह स्थिति चित्रा-जैसी अभिमानिनी मार्मारी के लिए असह्य ही कही जायगी।

जब मेरे कमरे का काया-कल्प चिड़ियाखाने के रूप में होने लगा, तब मैंने बड़ी कठिनाई से दोनों चिड़ियों को पकड़कर जाली के बड़े घर में पहुँचाया जो मेरे जीव-जन्तुओं का सामान्य निवास है।

दोनों नवागन्तुकों ने पहले से रहनेवालों में वैसा ही कुतूहल जगाया, जैसे नववधू के आगमन पर परिवार में स्वाभाविक है। लक्का कबूतर नाचना छोड़कर दौड़ पड़े चारों ओर घूम-घूमकर गुटर्गूं-गुटूर्गं की रागिनी अलापने लगे। बड़े खरगोश सभ्य सभासदों के समान क्रम में बैठकर गम्भीर भाव से उनका निरीक्षण करने लगे। ऊन की गेंद जैसे छोटे खरगोश उनके चारों ओर उछल-कूद मचाने लगे। तोते मानो भली-भाँति देखने के लिए एक आँख बन्द करके उनका परीक्षण करने लगे। ताम्रचूड़ झूले से उतर कर और दोनों पंखों को फैलाकर शोर करने लगा। उस दिन मेरे चिड़ियाघर में मानो भूचाल आ गया।

धीरे-धीरे दोनों मोर बच्चे बढ़ने लगे। उनका कायाकल्प वैसा ही क्रमशः और रंगमय था, जैसा इल्ली से तितली का बनना।

मोर के सिर की कलगी और सघन, ऊँची तथा चमकीली हो गयी। चोंच अधिक बंकिम और पैनी हो गयी, गोल आँखों में इन्द्रनील की

नीलाभ द्युति झलकने लगी। लम्बी लील-हरित ग्रीवा की हर भंगिमा में धूपछाँही तरंगें उठने-गिरने लगीं। दक्षिण-वाम दोनों पंखों में स्लेटी और सफेद आलेखन स्पष्ट होने लगे। पूँछ लम्बी हुई और उसके पंखों पर चंद्रिकाओं के इन्द्र-धनुषी रंग उद्दीप्त हो उठे। रंगरहित पैरों को गर्वीली गति ने एक नयी गरिमा से रंजित कर दिया। उसका गर्दन ऊँचीकर देखना, विशेष भंगिमा के साथ उसे नीचाकर दाना चुगना, पानी पीना, टेढ़ीकर शब्द सुनना आदि क्रियाओं में जो सुकुमारता और सौंदर्य था, उसका अनुभव देखकर ही किया जा सकता है। गति का चित्र नहीं आँका जा सकता।

मोरनी का विकास मोर के समान चमत्कारिक तो नहीं हुआ, परन्तु अपनी लम्बी धुपछाँही गर्दन, हवा में चंचल कलगी, पंखों की श्याम-श्वेत पत्रलेखा, मंथर गति आदि से वह भी मोर की उपयुक्त सहचारिणी होने का प्रमाण देने लगी।

नीलाभ ग्रीवा के कारण मोर का नाम रखा गया नीलकण्ठ और उसकी छाया के समान रहने के कारण मोरनी का नामकरण हुआ राधा।

मुझे स्वयं ज्ञान नहीं कि कब नीलकण्ठ ने अपने-आपको चिड़ियाघर के निवासी जीव-जन्तुओं का सेनापति और संरक्षक नियुक्त कर लिया। सवेरे ही वह सब खरगोश, कबूतर आदि की सेना एवत्रकर उस ओर ले जाता, जहाँ दाना दिया जाता है और घूम-घूमकर मानो सबकी रखवाली करता रहता। किसी ने कुछ गड़बड़ की और वह अपने तीखे चंचु-प्रहार से उसे दण्ड देने दौड़ा।

खरगोश के छोटे और शरीर बच्चों को वह चोंच से उनके कान पकड़कर उठा लेता था और जब तक वे आर्त्तक्रन्दन न करने लगते, उन्हें अधर में लटकाये रखता। कभी-कभी उसकी पैनी चोंच से खरगोश के बच्चों का कर्णवेध-संस्कार हो जाता था, पर वे फिर कभी उसे क्रोधित होने का अवसर न देते थे। उसके दंड-विधान के समान ही उन जीव-जन्तुओं के प्रति उसका प्रेम भी असाधारण था। प्राय: वह मिट्टी में पंख फैलाकर

बैठ जाता और वे सब उसकी लम्बी पूँछ और सघन पंख में छुआ-छुऔवल-सा खेलते रहते थे।

एक दिन उसके अपत्यस्नेह का हमें ऐसा प्रमाण मिला कि हम विस्मित हो गये। कभी-कभी खरगोश, कबूतर आदि साँप के लिए आकर्षण बन जाते हैं और यदि जाली के घर में पानी निकलने के लिए बनी नालियों में से कोई खुली रह जाए तो उसका भीतर प्रवेश पा लेना सहज हो जाता है। ऐसी ही किसी स्थिति में एक साँप जाली के भीतर पहुँच गया।

सब जीव-जन्तु भागकर इधर-उधर छिप गये, केवल एक शिशु खरगोश साँप की पकड़ में आ गया। निगलने के प्रयास में साँप ने उसका आधा पिछला शरीर तो मुँह में दबा रखा था, शेष आधा जो बाहर था, उससे चीं-चीं का स्वर भी इतना तीव्र नहीं निकल सकता था कि किसी को स्पष्ट सुनाई दे सके। नीलकण्ठ दूर ऊपर झूले में सो रहा था। उसी से चौकन्ने कानों ने उस मंद स्वर की व्यथा पहचानी और वह पूँछ-पंख समेटकर सर्र से एक झपट्टे में नीचे आ गया।

सम्भवत: अपनी सहज चेतना से ही उसने समझ लिया होगा कि साँप के फन पर चोंच मारने से खरगोश भी घायल हो सकता है। उसने साँप को फन के पास पंजों से दबाया और फिर चोंच से इतने प्रहार किये कि वह अधमरा हो गया। पकड़ ढीली पड़ते ही खरगोश का बच्चा मुख से निकल आया, परन्तु निश्चेष्ट-सा वहीं पड़ा रहा।

राधा ने सहायता देने की आवश्यकता नहीं समझी, परन्तु अपनी मन्द केका से किसी असामान्य घटना की सूचना सब ओर प्रसारित कर दी। माली पहुँचा, फिर हम सब पहुँचे। नीलकंठ जब साँप के दो खण्ड कर चुका, तब उस शिशु खरगोश के पास गया और रात भर उसे पंखों के नीचे उष्णता देता रहा।

कार्तिकेय ने अपने युद्ध-वाहन के लिए मयूर को क्यों चुना होगा,यह उस पक्षी का रूप और स्वभाव देखकर समझ में आ जाता है।

मयूर कलाप्रिय वीर पक्षी है, हिंसक मात्र नहीं। इसी से उसे बाज, चील आदि की श्रेणी में नहीं रखा जा सकता, जिनका जीवन ही क्रूरकर्म है।

नीलकण्ठ में उसकी जातिगत विशेषताएँ तो थीं ही, उनका मानवीकरण भी हो गया था।

मेघों की साँवली छाया में अपने इन्द्रधनुष के गुच्छे जैसे पंखों को मण्डलाकार बनाकर जब वह नाचता था, तब उस नृत्य में एक सहजात लय-ताल रहता था। आगे-पीछे दाहिने-बायें क्रम से घूमकर वह किसी अलक्ष्य सम पर ठहर-ठहर जाता था।

राधा नीलकंठ के समान नहीं नाच सकती थी, परन्तु उसकी गति में भी छन्द रहता था। वह नृत्यमग्न नीलकण्ठ के दाहिनी ओर के पंख को छूती हुई बायीं ओर निकल आती थी और बाएँ पंख को स्पर्शकर दाहिनी ओर। इस प्रकार उसकी परिक्रमा में भी एक पूरक ताल का परिचय मिलता था। नीलकण्ठ ने कैसे समझ लिया कि उसका नृत्य मुझे बहुत भाता है, यह तो नहीं बताया जा सकता, परन्तु अचानक एक दिन वह मेरे जालीघर के पास पहुँचते ही, अपने झूले से उतरकर नीचे आ गया और पंखों का सतरंगी मण्डलाकार छाता तानकर नृत्य की भंगिमा में खड़ा हो गया। तब से यह नृत्य-भंगिमा नित्य का क्रम बन गयी। प्रायः मेरे साथ कोई न कोई देशी-विदेशी अतिथि भी पहुँच जाता था और नीलकंठ की मुद्रा को अपने प्रति सम्मान-सूचक समझकर विस्मयाभिभूत हो उठता था। कई विदेशी महिलाओं ने उसे 'परफैक्ट जेन्टिलमैन' की उपाधि दे डाली।

जिस नुकीली पैनी चोंच से वह भयंकर विषधर को खंड-खंड कर सकता था, उसी से मेरी हथेली पर रखे हुए भुने चुने ऐसी कोमलता से हौले-हौले उठाकर खाता था कि हँसी भी आती थी और विस्मय भी होता था। फलों के वृक्षों से अधिक उसे पुष्पित और पल्लवित वृक्ष भाते थे।

वसंत में जब आम के वृक्ष सुनहली मंजरियों से लद जाते थे, अशोक नये लाल पल्लवों से ढँक जाता था, तब जालीघर में वह इतना अस्थिर हो उठता था कि उसे बाहर छोड़ देना पड़ता। पर जब तक राधा को भी

मुक्त न किया जाए, वह दरवाजे के बाहर ही उपालम्भ की मुद्रा में खड़ा रहता। मंजरियों के बीच उसकी नीलाभ झलक संध्या की छाया से सुनहले सरोवर में नीले कमल-दलों का भ्रम उत्पन्न कर देती थी। हवा से तरंगायित अशोक के रक्तिमाभ पत्तों में तो वह मूँगे के फलक पर मरकत से बना चित्र जान पड़ता था।

नीलकंठ और राधा की सबसे प्रिय ऋतु तो वर्षा ही थी। मेघों के उमड़ आने से पहले ही वे हवा में उसकी सजल आहट पा लेते थे और तब उनकी मन्द्र केका की गूँज-अनुगूँज तीव्र से तीव्रतर होती हुई मानो बूँदों के उतरने के लिए सोपान-पंक्ति बनने लगती थी। मेघ के गर्जन के ताल पर ही उसके तन्मय नृत्य का आरम्भ होता। फिर मेघ जितना अधिक गरजता, बिजली जितनी अधिक चमकती, बूँदों की रिमझिमाहट जितनी तीव्र होती जाती नीलकंठ के नृत्य का वेग उतना ही अधिक बढ़ता जाता और उसकी केका का स्वर उतना ही मन्द्र से मन्द्रतर होता जाता। वर्षा के थम जाने पर वह दाहिने पंजे पर दाहिना पंख और बाएँ पर बायाँ पंख फैलाकर सुखाता। कभी-कभी वे दोनों एक-दूसरे के पंखों से टपकनेवाली बूँदों को चोंच से पी-पीकर पंखों का गीलापन दूर करते रहते।

इस आनन्दोत्सव की रागिनी में बेमेल स्वर कैसे बज उठा, यह भी एक करुण कथा है।

एक दिन मुझे किसी कार्य से नखासकोने से निकलना पड़ा और बड़े मियाँ ने पहले के समान कार को रोक लिया। इस बार किसी पिंजड़े की ओर नहीं देखूँगी, यह संकल्प करके मैंने बड़े मियाँ की विरल दाढ़ी और सफेद डोरे से कान में बँधी ऐनक को ही अपने ध्यान का केन्द्र बनाया। पर बड़े मियाँ के पैरों के पास जो मोरनी पड़ी थी उसे अनदेखा करना कठिन था। मोरनी राधा-जैसी ही थी। उसके मूँज से बँधे दोनों पंजों की उँगलियाँ टूटकर इस प्रकार एकत्र हो गई थीं कि वह खड़ी ही नहीं हो सकती थी।

बड़े मियाँ की भाषण-मेल फिर दौड़ने लगी—"देखिये गुरु जी, कम्बख्त चिड़ीमार ने बेचारी का क्या हाल किया है। ऐसे कभी चिड़िया पकड़ी जाती है। आप न आयीं होती तो मैं उसी के सिर इसे पटक देता। पर आपसे भी यह अधमरी मोरनी ले जाने को कैसे कहूँ!"

सारांश यह कि सात रुपये देकर मैं उसे अगली सीट पर रखवाकर घर ले आयी और एक बार फिर मेरे पढ़ने-लिखने का कमरा अस्पताल बना। पंजों की मरहम-पट्टी और देखभाल करने पर वह महीने भर में अच्छी हो गयी। उँगलियाँ वैसी ही टेढ़ी-मेढ़ी रहीं, परन्तु वह ठूँठ जैसे पंजों पर डगमगाती हुई चलने लगी। तब उसे जालीघर में पहुँचाया गया और नाम रखा गया कुब्जा। कुब्जा नाम के अनुरूप स्वभाव से भी वह कुब्जा प्रमाणित हुई।

अब तक नीलकण्ठ और राधा साथ रहते थे। अब कुब्जा उन्हें साथ देखते ही मारने दौड़ती। चोंच से मार-मारकर उसने राधा की कलगी नोच डाली, पंख नोच डाले। कठिनाई यह थी कि नीलकंठ उससे दूर भागता था और वह उसके साथ रहना चाहती थी। न किसी जीव-जन्तु से ही उसकी मित्रता थी, न वह किसी को नीलकंठ के समीप आने देना चाहती थी। उसी बीच राधा ने दो अण्डे दिये, जिनको वह पंखों में छिपाए बैठी रहती थी। पता चलते ही कुब्जा ने चोंच मार-मार कर राधा को ढकेल दिया और फिर अंडे फोड़कर ठूँठ जैसे पैरों से सब ओर छितरा दिये।

हमने उसे अलग बन्द किया तो उसने दाना-पानी छोड़ दिया और जाली पर सिर पटक-पटक कर घायल कर लिया।

इस कलह-कोलाहल से और उससे भी अधिक राधा की दूरी से बेचारे नीलकंठ की प्रसन्नता का अन्त हो गया।

कई बार वह जाली के घर से निकल भागा। एक बार कई दिन भूखा-प्यासा आम की शाखाओं में छिपा बैठा रहा, जहाँ से बहुत पुचकारकर मैंने उतारा। एक बार मेरी खिड़की के शेड पर छिपा रहा।

मेरे दाना देने जाने पर वह सदा के समान अब पंखों को मंडलाकार बनाकर खड़ा हो जाता था, उसकी चाल में थकावट और आँखों में एक शून्यता रहती थी। अपनी अनुभवहीनता के कारण ही मैं आशा करती रही कि थोड़े दिन बाद सबमें मेल हो जायेगा। अन्त में तीन-चार मास के उपरान्त एक दिन सबेरे जाकर देखा कि नीलकंठ पूँछ-पंख फैलाये धरती पर उसी प्रकार बैठा हुआ है, जैसे खरगोश के बच्चों को पंख में छिपाकर बैठता था। मेरे पुकारने पर भी उसके न उठने पर संदेह हुआ।

वास्तव में नीलकंठ मर गया था। "क्यों" का उत्तर तो अब तक नहीं मिल सका है। न उसे कोई बीमारी हुई; न उसके रंग-बिरंगे फूलों के स्तबक जैसे शरीर पर किसी चोट का चिह्न मिला। मैं अपने शाल में लपेटकर उसे संगम ले गयी। जब गंगा की बीच धारा में उसे प्रवाहित किया गया, तब उसके पंखों की चन्द्रिकाओं से बिम्बित-प्रतिबिम्बित होकर गंगा का चौड़ा पाट एक विशाल मयूर के समान तरंगित हो उठा।

नीलकंठ के न रहने पर राधा तो निश्चेष्ट-सी कई दिन कोने में बैठी रही। वह कई बार भागकर लौट आया था, अत: वह प्रतीक्षा के भाव से द्वार पर दृष्टि लगाये रहती थी। पर कुब्जा ने कोलाहल के साथ खोज-ढूँढ़ आरम्भ की। खोज के क्रम में वह प्राय: जाली का दरवाजा खुलते ही बाहर निकल आती थी और आम, अशोक, कचनार आदि की शाखाओं में नीलकंठ को ढूँढ़ती रहती थी। एक दिन वह आम से उतरी ही थी कि कजली (अल्सेशियन कुत्ती) सामने पड़ गई। स्वभाव के अनुसार उसने कजली पर चोंच से प्रहार किया। परिणामत: कजली के दो दाँत उसकी गर्दन पर लग गये। इस बार उसका कलह-कोलाहल और द्वेष-प्रेम भरा जीवन बचाया न जा सका। परन्तु इन तीन पक्षियों ने मुझे पक्षी-प्रकृति की विभिन्नता का जो परिचय दिया है, वह मेरे लिए विशेष महत्व रखता है।

राधा अब प्रतीक्षा में ही दुकेली है। आषाढ़ में जब आकाश मेघाच्छन्न हो जाता है, तब वह कभी ऊँचे झूले पर और कभी अशोक की डाल पर अपनी केका को तीव्र से तीव्रतर करके नीलकंठ को बुलाती रहती है।

गिल्लू

सोनजुही में आज एक पीली कली लगी है। इसे देखकर अनायास ही उस छोटे जीव का स्मरण हो आया, जो इस लता की सघन हरीतिमा में छिपकर बैठता था और फिर मेरे निकट पहुँचते ही कंधे पर कूदकर मुझे चौंका देता था। तब मुझे कली की खोज रहती थी पर आज उस लघुप्राण की खोज है।

परन्तु वह तो अब तक इस सोनजुही की जड़ में मिट्टी होकर मिल गया होगा। कौन जाने स्वर्णिम कली के बहाने वही मुझे चौकाने ऊपर आ गया हो।

अचानक एक दिन सबेरे कमरे से बरामदे में आकर मैंने देखा दो कौवे एक गमले के चारों ओर चोंचों से छुआ-छुऔवल जैसा खेल खेल रहे हैं। यह काकभुशुण्डि भी विचित्र पक्षी है—एक साथ समादरित, अनादरित, अति सम्मानित, अति अवमानित।

हमारे बेचारे पुरखे न गरुड़ के रूप में आ सकते हैं, न मयूर के, न हंस के। उन्हें पितर-पक्ष में हमसे कुछ पाने के लिए काक बनकर ही अवतीर्ण होना पड़ता है। इतना ही नहीं, हमारे दूरस्थ प्रियजनों को भी अपने आने का मधु संदेश इनके कर्कश स्वर में ही देना पड़ता है। दूसरी ओर हम कौवा और काँव-काँव करने को अवमानना के अर्थ में ही प्रयुक्त करते हैं।

मेरे काकपुराण के विवेचन में अचानक बाधा आ पड़ी, क्योंकि गमले और दीवार की संधि में छिपे एक छोटे-से जीव पर मेरी दृष्टि रुक गयी। निकट जाकर देखा, गिलहरी का एक छोटा-सा बच्चा है, जो सम्भवत: घोंसले से गिर पड़ा है और अब कौवे जिसमें सुलभ आहार खोज रहे हैं।

काकद्वय की चोंचों के दो घाव उस लघुप्राण के लिए बहुत थे, अत: निश्चेष्ट-सा गमले से चिपका पड़ा था।

सबने कहा, कौवे की चोंच का घाव लगने के बाद यह बच नहीं सकता, अत: इसे ऐसे ही रहने दिया जावे।

परन्तु मन नहीं माना—उसे हौले से उठाकर अपने कमरे में लायी, फिर रुई से रक्त पोंछकर घावों पर पेन्सिलिन का मरहम लगाया।

रुई की पतली बत्ती दूध से भिगोकर जैसे-तैसे उसके नन्हें से मुँह में लगायी, पर मुँह खुल न सका और दूध की बूँदें दोनों ओर ढुलक गयीं।

कई घंटे के उपचार के उपरान्त उसके मुँह में एक बूँद पानी टपकाया जा सका। तीसरे दिन वह इतना अच्छा और आश्वस्त हो गया कि मेरी उँगली अपने दो नन्हें पंजों से पकड़कर, नीले काँच के मोतियों जैसी आँखों से इधर-उधर देखने लगा।

तीन-चार मास में उनके स्निग्ध रोयें, झब्बेदार पूँछ और चंचल-चमकीली आँखें सबको विस्मित करने लगीं।

हमने उसकी जातिवाचक संज्ञा को व्यक्तिवाचक का रूप दे दिया और इस प्रकार हम उसे गिल्लू कहकर बुलाने लगे। मैंने फूल रखने की एक हल्की डलिया में रुई बिछाकर उसे तार से खिड़की पर लटका दिया।

वही दो वर्ष गिल्लू का घर रहा। वह स्वयं हिलाकर अपने घर में झूलता और अपनी काँच के मनकों-सी आँखों से कमरे के भीतर और खिड़की से बाहर न जाने क्या देखता-समझता रहता था। परन्तु उसकी समझदारी और कार्य-कलाप पर सबको आश्चर्य होता था।

जब मैं लिखने बैठती तब अपनी ओर मेरा ध्यान आकर्षित करने की उसे इतनी तीव्र इच्छा होती थी कि उसने एक अच्छा उपाय खोज निकाला।

वह मेरे पैर तक आकर सर्र से परदे पर चढ़ जाता और फिर उसी तेजी से उतरता। उसका यह दौड़ने का क्रम तब तक चलता, जब तक मैं उसे पकड़ने के लिए न उठती।

कभी मैं गिल्लू को पकड़कर एक लम्बे लिफाफे में इस प्रकार रख देती कि उसके अगले दो पंजों और सिर के अतिरिक्त सारा लघु गात

लिफाफे के भीतर बन्द रहता। इस अद्भुत स्थिति में कभी-कभी घंटों मेज पर दीवार के सहारे खड़ा रहकर वह अपनी चमकीली आँखों से मेरा कार्य-कलाप देखा करता।

भूख लगने पर चिक्-चिक करके मानो वह मुझे सूचना देता और काजू या बिस्कुट मिल जाने पर उसी स्थिति में लिफाफे से बाहरवाले पंजों से पकड़कर उसे कुतरता रहता।

फिर गिल्लू के जीवन का प्रथम बसन्त आया। नीम-चमेली की गन्ध मेरे कमरे में हौले-हौले आने लगी। बाहर की गिलहरियाँ खिड़की की जाली के पास आकर चिक-चिक करके न जाने क्या कहने लगीं।

गिल्लू को जाली के पास बैठकर अपनेपन से बाहर झाँकते देखकर मुझे लगा कि इसे मुक्त करना आवश्यक है।

मैंने कीलें निकालकर जाली का एक कोना खोल दिया और इस मार्ग से गिल्लू ने बाहर जाने पर सचमुच ही मुक्ति की साँस ली। इतने छोटे जीव को घर में पले कुत्ते-बिल्लियों से बचाना भी एक समस्या ही थी।

आवश्यक कागज-पत्रों के कारण मेरे बाहर जाने पर कमरा बन्द ही रहता है। मेरे कालेज से लौटने पर जैसे ही कमरा खोला गया और मैंने भीतर पैर रखा, वैसे ही गिल्लू अपने जाली के द्वार से भीतर आकर मेरे पैर से सिर और सिर से पैर तक दौड़ लगाने लगा। तब से यह नित्य का क्रम हो गया।

मेरे कमरे से बाहर जाने पर वह भी खिड़की की खुली जाली की राह बाहर चला जाता और दिन भर गिलहरियों के झुण्ड का नेता बना, हर डाल पर उछलता-कूदता रहता और ठीक चारे बजे वह खिड़की से भीतर आकर अपने झूले में झूलने लगता।

मुझे चौंकाने की इच्छा उसमें न जाने कब और कैसे उत्पन्न हो गयी थी। कभी फूलदान के फूलों में छिप जाता, कभी परदे की चुन्नट में और कभी सोनजुही की पत्तियों में।

मेरे पास बहुत से पशु-पक्षी हैं और उनका मुझसे लगाव भी कम नहीं है, परन्तु उनमें से किसी को मेरे साथ मेरी थाली में खाने की हिम्मत हुई है, ऐसा मुझे स्मरण नहीं आता।

गिल्लू इनमें अपवाद था। मैं जैसे ही खाने के कमरे में पहुँचती, वह खिड़की से निकलकर आँगन की दीवार-बरामदा पार करके मेज पर पहुँच जाता और मेरी थाली में बैठ जाना चाहता। बड़ी कठिनाई से मैंने उसे थाली के पास बैठना सिखाया, जहाँ बैठकर वह मेरी थाली में से एक-एक चावल उठाकर बड़ी सफाई से खाता रहता। काजू उसका प्रिय खाद्य था और कई दिन काजू न मिलने पर वह अन्य खाने की चीजें या तो लेना बन्द कर देता था या झूले से नीचे फेंक देता था।

उसी बीच मुझे मोटर-दुर्घटना में आहत होकर कुछ दिन अस्पताल में रहना पड़ा। उन दिनों जब मेरे कमरे का दरवाजा खोला जाता, गिल्लू अपने झूले से उतरकर दौड़ता और फिर किसी दूसरे को देखकर तेजी से अपने घोंसले में जा बैठता। सब उसे काजू दे जाते, परन्तु अस्पताल से लौटकर जब मैंने उसके झूले की सफाई की तो उसमें काजू भरे मिले, जिनसे यह ज्ञात होता था कि वह उन दिनों अपना प्रिय खाद्य कितना कम खाता रहा।

मेरी अस्वस्थता में वह तकिये पर सिरहाने बैठकर अपने नन्हें-नन्हें पंजों से मेरे सिर और बालों को इतने हौले-हौले सहलाता रहता कि उसका हटना एक परिचारिका के हटने के समान लगता।

गर्मियों में जब मैं दोपहर में काम करती रहती तो गिल्लू न बाहर जाता, न अपने झूले में बैठता। उसने मेरे निकट रहने के साथ गर्मी से बचने का सर्वथा नया उपाय खोज निकाला था। वह मेरे पास रखी सुराही पर लेट जाता और इस प्रकार समीप भी रहता और ठंडक में भी रहता।

गिलहरियों के जीवन की अवधि दो वर्ष से अधिक नहीं होती, अतः गिल्लू की जीवन-यात्रा का अंत आ ही गया। दिन भर उसने न कुछ खाया, न बाहर गया। रात में अन्त की यातना में भी वह मेरी वही उँगली

पकड़कर मेरे बिस्तर पर आया और ठंडे पंजों से मेरी वही उँगली पकड़कर हाथ से चिपक गया, जिसे उसने अपने बचपन की मरणासन्न स्थिति में पकड़ा था।

पंजे इतने ठंडे हो रहे थे कि मैंने जागकर हीटर जलाया और उसे उष्णता देने का प्रयत्न किया। परन्तु प्रभात की प्रथम किरण के स्पर्श के साथ ही वह किसी और जीवन में जागने के लिए सो गया।

उसका झूला उतारकर रख दिया गया है और खिड़की की जाली बन्द कर दी गई है, परन्तु गिलहरियों की नयी पीढ़ी जाली के उस पार चिक-चिक करती ही रहती है और सोनजुही पर बसन्त आता ही रहता है।

सोनजुही की लता के नीचे गिल्लू को समाधि दी गयी है, इसलिए भी कि उसे वह लता सबसे अधिक प्रिय थी, इसलिए भी कि उस लघुगात का, किसी वासन्ती दिन, जुही के पीताभ छोटे फूल में खिल जाने का विश्वास, मुझे संतोष देता है।

सोना हिरनी

सोना की आज अचानक स्मृति होने का कारण है। मेरे परिचित स्वर्गीय डॉक्टर धीरेन्द्र नाथ बसु की पौत्री सुस्मिता ने लिखा है:

"गत वर्ष अपने पड़ोसी से मुझे एक हिरन मिला था। बीते कुछ महीनों में हम उससे बहुत स्नेह करने लगे हैं। परन्तु अब मैं अनुभव करती हूँ कि सघन जंगल से संबद्ध रहने के कारण तथा अब बड़े हो जाने के कारण उसे घूमने के लिए अधिक विस्तृत स्थान चाहिए।

क्या कृपा करके आप उसे स्वीकार करेंगी? सचमुच मैं आपकी बहुत आभारी हूँगी, क्योंकि आप जानती हैं, मैं उसे ऐसे व्यक्ति को नहीं देना चाहती जो उससे बुरा व्यवहार करे। मेरा विश्वास है, आपके यहाँ उसकी भली-भाँति देखभाल हो सकेगी।

कई वर्ष पूर्व मैंने निश्चय किया कि अब हिरन नहीं पालूँगी, परंतु आज उस नियम को भंग किये बिना इस कोमलप्राण जीव की रक्षा संभव नहीं है।

सोना भी इसी प्रकार अचानक आयी थी, परन्तु वह तब तक अपनी शैशवावस्था भी पार नहीं कर सकी थी। सुनहरे रंग के रेशमी लच्छों की गाँठ के समान उसका कोमल लघु शरीर था। छोटा-सा मुँह और बड़ी-बड़ी पानीदार आँखें। देखती थी तो लगता था कि अभी छलक पड़ेंगी। उनमें प्रसुप्त गति की बिजली की लहर आँखों में कौंध जाती थी।

सब उसके सरल शिशु रूप से इतने प्रभावित हुए कि किसी चम्पकवर्णा रूपसी के उन्मुक्त सोना, सुवर्णा, सुवर्णलेखा आदि नाम उसका परिचय बन गये।

परन्तु उस बेचारे हरिण-शावक की कथा तो मिट्टी की ऐसी व्यथा-कथा है, जिसे मनुष्य की निष्ठुरता गढ़ती है। वह न किसी दुर्लभ खान के अमूल्य हीरे की कथा है और न अथाह समुद्र के महार्घ मोती की।

निर्जीव वस्तुओं से मनुष्य अपने शरीर का प्रसाधन मात्र करता है। अत: उनकी स्थिति में परिवर्तन के अतिरिक्त कुछ कथनीय नहीं रहता। परन्तु सजीव से उसे शरीर या अहंकार का जैसा पोषण अभीष्ट है, उससे जीवन-मृत्यु का संघर्ष है, जो सारी जीवन-कथा का तत्त्व है।

जिन्होंने हरीतिमा में लहराते हुए मैदान पर छलाँग भरते हुए हिरण के झुण्ड को देखा होगा, वही उस अद्‌भुत, गतिशील सौन्दर्य की कल्पना कर सकते हैं। मानो तरल मरकत के समुद्र में सुनहले फेनवाली लहरों का उद्वेलन हो। परन्तु जीवन के इस चल सौंदर्य के प्रति शिकारी का आकर्षण नहीं रहता।

मैं प्राय: सोचती हूँ कि मनुष्य जीवन की ऐसी सुन्दर ऊर्जा को निष्क्रिय और जड़ बनाने के कार्य को मनोरंजन कैसे कहता है।

मनुष्य मृत्यु को असुन्दर ही नहीं, अपवित्र भी मानता है। उसके प्रियतम आत्मीय जन का शव भी उसके निकट अपवित्र, अस्पृश्य तथा भयजनक हो उठता है। जब मृत्यु इतनी अपवित्र और असुन्दर है, तब उसे बाँटते घूमना क्यों अपवित्र और असुन्दर कार्य नहीं है, यह मैं समझ नहीं पाती।

आकाश में रंग-बिरंगे फूलों की घटाओं के समान उड़ते हुए और वीणा, बंशी, मुरज, जलतरंग आदि का वृन्दवादन (आर्केस्ट्रा) बजाते हुए पक्षी कितने सुन्दर जान पड़ते हैं। मनुष्य ने बन्दूक उठायी, निशाना साधा और कई गाते-उड़ते पक्षी धरती पर ढेले के समान आ गिरे। किसी की लाल-पीली चोंचवाली गर्दन टूट गई है, किसी के पीले सुन्दर पंजे टेढ़े हो गये हैं और किसी के इन्द्रधनुषी पंख बिखर गये हैं। क्षत-विक्षत रक्तस्नात उन मृत-अर्धमृत लघुपातों में न अब संगीत है, न सौंदर्य, परंतु तब भी मारनेवाला अपनी सफलता पर नाच उठता है।

पक्षी-जगत में ही नहीं, पशुजगत में भी मनुष्य की ध्वंसलीला ऐसी ही निष्ठुर है। पशुजगत में हिरन-जैसा निरीह और सुन्दर दूसरा पशु नहीं है—उसकी आँखें तो मानो करुणा की चित्रलिपि हैं। परन्तु इसका भी गतिमय, सजीव सौंदर्य मनुष्य का मनोरंजन करने में असमर्थ है।

मानव को, जो जीवन का श्रेष्ठतम रूप है, जीवन के अन्य रूपों के प्रति इतनी वितृष्णा और विरक्ति और मृत्यु के प्रति इतना मोह और आकर्षण क्यों?

बेचारी सोना भी मनुष्य की इसी निष्ठुर मनोरंजनप्रियता के कारण अपने अरण्य-परिवेश और स्वजाति से दूर मानव-समाज में आ पड़ी थी।

प्रशान्त वनस्थली में जब अलस भाव में रोमन्थन करता हुआ मृग-समूह शिकारियों की आहट से चौंककर भागा, तब सोना की माँ सद्य:प्रसूता होने के कारण भागने में असमर्थ रही। सद्य:जात मृगशिशु तो भाग नहीं सकता था, अत: मृगी माँ ने अपनी संतान को अपने शरीर की ओट में सुरक्षित रखने के प्रयास में प्राण दे दिये।

पता नहीं, दया के कारण या कौतुकप्रियता के कारण शिकारी मृत हिरनी के साथ उसके रक्त से सने और ठण्डे स्तनों से चिपटे हुए शावक को जीवित उठा लाये। उनमें से किसी के परिवार की सदा गृहिणी और बच्चों ने उसे पानी मिला दूध पिला-पिलाकर दो-चार दिन जीवित रखा।

सुस्मिता बसु के समान ही किसी बालिका को मेरा स्मरण हो आया और वह अनाथ शावक को मुमूर्षु अवस्था में मेरे पास ले आयी। शावक अवांछित तो था ही, उसके बचने की आशा भी धूमिल थी, परन्तु मैंने उसे स्वीकार कर लिया। स्निग्ध सुनहले रंग के कारण सब उसे सोना कहने लगे। दूध पिलाने की शीशी, ग्लूकोज, बकरी का दूध आदि सब कुछ एकत्र करके उसे पालने का कठिन अनुष्ठान आरम्भ हुआ।

उसका मुख इतना छोटा-सा था कि उसमें शीशी का निपल समाता ही नहीं था—उस पर उसे पीना भी नहीं आता था। फिर धीरे-धीरे उसे पीना ही नहीं, दूध की बोतल पहचानना भी आ गया। आँगन में कूदते-फाँदते हुए भी भक्तिन को बोतल साफ करते देखकर वह दौड़ आती और अपनी तरल चकित आँखों से उसे ऐसे देखने लगती मानो वह कोई सजीव मित्र हो।

उसने रात में मेरे पलंग के पाये से सटकर बैठना सीख लिया था, पर वहाँ गंदा न करने की आदत कुछ दिनों के अभ्यास से पड़ सकी। अँधेरा होते ही वह कमरे के पलंग के पास आ बैठती और सवेरा होने पर ही बाहर निकलती।

उसका दिन भर का कार्य-कलाप भी एक प्रकार से निश्चित था। विद्यालय और छात्रावास की विद्यार्थिनियों के निकट पहले वह कौतुक का कारण रही, परन्तु कुछ दिन बीत जाने पर वह उनकी ऐसी प्रिय साथिन बन गई, जिसके बिना उनका किसी काम में मन ही नहीं लगता था।

दूध पीकर और भीगे चने खाकर सोना कुछ देर कम्पाउण्ड में चारों पैरों को संतुलित कर चौकड़ी भरती। फिर वह छात्रावास पहुँचती और प्रत्येक कमरे के भीतर-बाहर निरीक्षण करती। सबेरे छात्रावास में विचित्र-सी क्रियाशीलता रहती है—कोई छात्रा हाथ-मुँह धोती है, कोई बालों में कंघी करती है, कोई साड़ी बदलती है, कोई अपनी मेज की सफाई करती है, कोई स्नान करके भीगे कपड़े सूखने के लिए फैलाती है और कोई पूजा करती है। सोना के पहुँच जाने पर इस विविध कर्म-संकुलता में एक नया काम और जुड़ जाता था। कोई छात्रा उसके माथे पर कुमकुम का बड़ा-सा टीका लगा देती, कोई गले में रिबन बाँध देती और कोई पूजा के बताशे खिला देती।

मेस में उसके पहुँचते ही छात्राएँ ही नहीं, नौकर-चाकर तक दौड़ आते और सभी उसे कुछ न कुछ खिलाने को उतावले रहते, परन्तु उसे बिस्कुट को छोड़कर कम खाद्य-पदार्थ पसंद थे।

छात्रावास का जागरण और जलपान अध्याय समाप्त होने पर वह घास के मैदान में कभी दूब चरती और कभी उस पर लोटती रहती। मेरे भोजन का समय वह किस प्रकार जान लेती थी, यह समझने का उपाय नहीं है, परन्तु वह ठीक उसी समय भीतर आ जाती और तब तक मुझसे सटी खड़ी रहती जब तक मेरा खाना समाप्त न हो जाता। कुछ चावल, रोटी आदि उसका भी प्राप्य रहता था, परन्तु उसे कच्ची सब्ज़ी ही अधिक भाती थी।

घंटी बजते ही वह फिर प्रार्थना के मैदान में पहुँच जाती और उसके समाप्त होने पर छात्रावास के समान ही कक्षाओं के भीतर-बाहर चक्कर लगाना आरम्भ करती।

उसे छोटे बच्चे अधिक प्रिय थे, क्योंकि उनके साथ खेलने का अधिक अवकाश रहता था। वे पंक्तिबद्ध खड़े होकर सोना-सोना पुकारते और वह उनके ऊपर छलाँग लगाकर एक ओर से दूसरी ओर कूदती रहती। यह सरकस-जैसा खेल कभीं घंटों चलता क्योंकि खेल के घंटों में बच्चों की एक कक्षा के उपरान्त दूसरी जाती रहती।

मेरे प्रति स्नेह-प्रदर्शन के उसके कई प्रकार थे। बाहर खड़े होने पर वह सामने या पीछे से छलाँग लगाती और मेरे सिर के ऊपर से दूसरी ओर निकल जाती। प्राय: देखनेवालों को भय होता था कि उसके पैरों से मेरे सिर पर चोट न लग जावे, परंतु वह पैरों को इस प्रकार सिकोड़े रहती थी और मेरे सिर को इतनी ऊँचाई से लाँघती थी कि चोट लगने की कोई सम्भावना ही नहीं रहती थी।

भीतर आने पर वह मेरे पैरों से अपना शरीर रगड़ने लगती, मेरे बैठे रहने पर वह साड़ी का छोर मुँह में भर लेती और कभी पीछे चुपचाप खड़े होकर चोटी ही चबा डालती। डाँटने पर अपनी बड़ी गोल और चकित आँखों में ऐसी अनिर्वचनीय जिज्ञासा भरकर एकटक देखने लगती कि हँसी आ जाती।

कविगुरु कालिदास ने अपने नाटक में मृगी-मृग शावक आदि को इतना महत्त्व क्यों दिया है, यह हिरन पालने के उपरान्त ही ज्ञात होता है।

पालने पर वह पशु न रहकर ऐसा स्नेही संगी बन जाता है, जो मनुष्य के एकान्त शून्य को तो भर देता है, परन्तु खीझ उत्पन्न करनेवाली जिज्ञासा से उसे बोझिल नहीं बनाता। यदि मनुष्य दूसरे मनुष्य से केवल नेत्रों से बात कर सकता, तो बहुत से विवाद समाप्त हो जाते, परन्तु प्रकृति को यह अभीष्ट नहीं रहा होगा।

सम्भवत: इसी से मनुष्य वाणी द्वारा परस्पर किये गये आघातों और सार्थक शब्दभार से पीड़ित अपने प्राणों पर इन भाषाहीन जीवों

की स्नेह तरल दृष्टि का चन्दन लेप लगाकर स्वस्थ और आश्वस्त होना चाहता है।

सरस्वती वाणी से ध्वनित-प्रतिध्वनित कण्व के आश्रम में ऋषियों, ऋषि-पत्नियों, ऋषि-कुमार-कुमारियों के साथ मूक अज्ञान मृगों की स्थिति भी अनिवार्य है। मंत्रपूत कुटियों के द्वार नीवारकण चाहनेवाले मृग रूँध लेते हैं। विदा लेती हुई शकुन्तला का गुरुजनों के उपदेश-आशीर्वाद से बोझिल अंचल, उसका अपत्यवत् पालित मृगछौना थाम लेता है।

यस्य त्वया व्रणविरोपणमिगुदीनां।
तैलं न्यषिच्यत मुखे कुशसूचिबिद्ध॥
श्यामाकमुष्टि परिवर्धितको जहाति।
सोऽयं न पुत्रकृतकः पदवीं मृगस्ते॥

—अभिज्ञानशाकुन्तलम्

शकुन्तला के प्रश्न करने पर कि कौन मेरा अंचल खींच रहा है, कण्व कहते हैं :

"कुश के काँटे से जिसका मुख छिद जाने पर तू उसे अच्छा करने के लिए हिंगोट का तेल लगाती थी, जिसे तूने मुट्ठी भर-भर साँवा के दानों से पाला है, जो तेरे निकट पुत्रवत् है, वही तेरा मृग तुझे रोक रहा है।"

साहित्य ही नहीं, लोकगीतों की मर्मस्पर्शिता में मृगों का विशेष योगदान रहता है।

पशु-मनुष्य के निश्छल स्नेह से परिचित रहते हैं, उसकी ऊँची-नीची सामाजिक स्थितियों से नहीं। यह सत्य मुझे सोना से अनायास प्राप्त हो गया।

अनेक विद्यार्थिनियों की भारी-भरकम गुरु जी से सोना को क्या लेना-देना था। वह तो उस दृष्टि को पहचानती थी, जिसमें उसके लिए स्नेह छलकता था और उन हाथों को जानती थी, जिन्होंने यत्नपूर्वक दूध की बोतल उसके मुख से लगायी थी।

यदि सोना को अपने स्नेह की अभिव्यक्ति के लिए मेरे सिर के ऊपर से कूदना आवश्यक लगेगा तो वह कूदेगी ही। मेरी किसी अन्य परिस्थिति से प्रभावित होना उसके लिए सम्भव ही नहीं था।

कुत्ता स्वामी और सेवक का अन्तर जानता है और स्वामी के स्नेह या क्रोध की प्रत्येक मुद्रा से परिचित रहता है। स्नेह से बुलाने पर वह गद्‌गद होकर निकट आ जाता है और क्रोध करते ही सभीत और दयनीय बनकर दुबक जाता है।

पर हिरन यह अन्तर नहीं जानता, अतः उसका अपने पालनेवाले से डरना कठिन है। यदि उस पर क्रोध किया जावे तो वह अपनी चकित आँखों में और अधिक विस्मय भरकर पालनेवाले की दृष्टि से दृष्टि मिलाकर खड़ा रहेगा। मानो पूछता हो, क्या यह उचित है? वह केवल स्नेह पहचानता है, जिसकी स्वीकृति जताने के लिए उसकी विशेष चेष्टाएँ हैं।

मेरी बिल्ली गोधूली, कुत्ते हेमन्त-बसन्त, कुत्ती फ्लोरा सब पहले इस नये अतिथि को देखकर रुष्ट हुए, परन्तु सोना ने थोड़े ही दिनों में सबसे सख्य स्थापित कर लिया। फिर तो वह घास पर लेट जाती और कुत्ते-बिल्ली उस पर उछलते-कूदते रहते। कोई उसके कान खींचता, कोई पैर और जब वे इस खेल में तन्मय हो जाते, तब वह अचानक चौकड़ी भरकर भागती और वे गिरते-पड़ते उसके पीछे दौड़ लगाते।

वर्ष भर का समय बीत जाने पर सोना हरिण-शावक से हरिणी में परिवर्तित होने लगी। उसके शरीर के पीताभ रोयें ताम्रवर्णी झलक देने लगे। टाँगें अधिक सुडौल और खुरों के कालेपन में चमक आ गई। ग्रीवा अधिक बंकिम और लचीली हो गई। पीठ में भराववाला उतर-चढ़ाव और स्निग्धता दिखाई देने लगी। परन्तु सबसे अधिक विशेषता तो उसकी आँखों और दृष्टि में मिलती थी। आँखों के चारों ओर खिंची कज्जल कोर में नीले गोलक और दृष्टि ऐसी लगती थी मानो नीलम के बल्बों में उजली विद्युत का स्फुरण हो।

सम्भवतः अब उसमें वन तथा स्वजाति का स्मृति-संसार जागने लगा था। प्रायः सूने मैदान में वह गर्दन ऊँची करके किसी की आहट की

प्रतीक्षा में खड़ी रहती। वासन्ती हवा बहने पर यह मूक प्रतीक्षा मार्मिक हो उठती। शैशव के साथियों और उनकी उछल-कूद से अब उसका पहले जैसा मनोरंजन नहीं होता था; अत: उसकी प्रतीक्षा के क्षण अधिक होते जाते थे।

इसी बीच फ्लोरा ने भक्तिन की कुछ अँधेरी कोठरी के एकान्त कोने में चार बच्चों को जन्म दिया और वह खेल के संगियों को भूलकर अपनी नवीन सृष्टि के संरक्षण में व्यस्त हो गई। एक ही दिन सोना अपनी सखी को खोजती रही, फिर उसे इतने लघु जीवों से घिरा देखकर उसकी स्वाभाविक चकित दृष्टि गम्भीर विस्मय से भर गई।

एक दिन देखा, फ्लोरा कहीं बाहर घूमने गई है और सोना भक्तिन की कोठरी में निश्चिन्त लेटी है। पिल्ले आँख बन्द रहने के कारण चीं-चीं करते हुए सोना के उदर में दूध खोज रहे थे। तब से सोना के नित्य के कार्यक्रम में पिल्लों के बीच में लेट जाना भी सम्मिलित हो गया। आश्चर्य की बात यह थी कि फ्लोरा हेमन्त, वसन्त या गोधूली को तो अपने बच्चों के पास फटकने भी नहीं देती थी, परन्तु सोना के संरक्षण में उन्हें छोड़कर आश्वस्त भाव से इधर-उधर घूमने चली जाती थी।

सम्भवत: वह सोना की स्नेही और अहिंसक प्रकृति से परिचित हो गई थी। पिल्लों के बड़े होने पर और उनकी आँखें खुल जाने पर सोना ने उन्हें भी अपने पीछे घूमनेवाली सेना में सम्मिलित कर लिया और मानो इस वृद्धि के उपलक्ष्य में आनन्दोत्सव मनाने के लिए अधिक देर तक मेरे सिर के आर-पार चौकड़ी भरती रही। पर कुछ दिनों के उपरांत जब यह आनन्दोत्सव पुराना पड़ गया, तब उसकी शब्दहीन, संज्ञाहीन प्रतीक्षा की स्तब्ध घड़ियाँ फिर लौट आईं।

उसी वर्ष गर्मियों में मेरा बद्रीनाथ-यात्रा का कार्यक्रम बना। प्राय: मैं अपने पालतू जीवों के कारण प्रवास में कम रहती हूँ। उनकी देखरेख के लिए सेवक रहने पर भी मैं उन्हें छोड़कर आश्वस्त नहीं हो पाती। भक्तिन, अनुरूप (नौकर) आदि तो साथ जानेवाले थे ही, पालतू जीवों में से मैंने फ्लोरा को साथ ले जाने का निश्चय किया, क्योंकि वह मेरे बिना रह नहीं सकती थी।

छात्रावास बन्द था, अतः सोना के नित्य नैमित्तिक कार्यकलाप भी बन्द हो गये थे। मेरी उपस्थिति का भी अभाव था, अतः उसके आनन्दोल्लास के लिए भी अवकाश कम था।

हेमन्त-बसन्त मेरी यात्रा और तज्जनित अनुपस्थिति से परिचित हो चुके थे। होल्डाल बिछाकर उसमें बिस्तर रखते ही वे दौड़कर उस पर लेट जाते और भौंकने तथा क्रंदन की ध्वनियों के सम्मिलित स्वर में मुझे मानो उपालम्भ देने लगते। यदि उन्हें बाँध न रखा जाता तो वे कार में घुसकर बैठ जाते या उसके पीछे-पीछे दौड़कर स्टेशन तक जा पहुँचते। परन्तु जब मैं चली जाती तब वे उदास भाव से मेरे लौटने की प्रतीक्षा करने लगते।

सोना की सहज चेतना में न मेरी यात्रा जैसी स्थिति का बोध था, न प्रत्यावर्तन का; इसी से उनकी निराशा, जिज्ञासा और विस्मय का अनुमान मेरे लिये सहज था।

पैदल जाने-आने के निश्चय के कारण बद्रीनाथ की यात्रा में ग्रीष्मावकाश समाप्त हो गया। 2 जुलाई को लौटकर जब मैं बँगले के द्वार पर आ खड़ी हुई, तब बिछुड़े हुए पालतू जीवों में कोलाहल होने लगा।

गोधूली कूदकर कन्धे पर आ बैठी। हेमन्त-वसन्त मेरे चारों ओर परिक्रमा करके हर्ष की ध्वनियों में मेरा स्वागत करने लगे; पर मेरी दृष्टि सोना को खोजने लगी। क्यों वह अपना उल्लास व्यक्त करने के लिए मेरे सिर के ऊपर से छलाँग नहीं लगाती? सोना कहाँ है, पूछने पर माली आँखें पोंछने लगा और चपरासी, चौकीदारी एक-दूसरे का मुख देखने लगे। वे लोग आने के साथ ही मुझे कोई दुःखद समाचार नहीं देना चाहते थे, परन्तु माली की भावुकता ने बिना बोले ही उसे दे डाला।

ज्ञात हुआ कि छात्रावास के सन्नाटे और फ्लोरा के तथा मेरे अभाव के कारण सोना इतनी अस्थिर हो गई कि इधर-उधर कुछ खोजती-सी वह प्रायः कम्पाउण्ड से बाहर निकल जाती थी। इतनी बड़ी हिरनी को पालनेवाले तो कम थे, परन्तु उसमें खाद्य और स्वाद प्राप्त करने के इच्छुक व्यक्तियों का बाहुल्य था। इसी आशंका से माली ने उसे मैदान में एक लम्बी रस्सी से बाँधना आरम्भ कर दिया था।

एक दिन न जाने किस स्तब्धता की स्थिति में बन्धन की सीमा भूलकर वह बहुत ऊँचाई तक उछली और रस्सी के कारण मुख के बल धरती पर आ गिरी। वह उसकी अन्तिम साँस और अन्तिम उछाल थी।

सब उस सुनहले रेशम की गठरीं-से शरीर को गंगा में प्रवाहित कर आये और इस प्रकार किसी निर्जन वन में जन्मी और जन-संकुलता में पली सोना की करुण कथा का अन्त हुआ।

यह सुनकर मैंने निश्चय किया था कि हिरन नहीं पालूँगी, पर संयोग से फिर हिरन पालना पड़ रहा है।

दुर्मुख-खरगोश

किसी को विश्वास न होगा कि बोल-चाल के 'लड़ाकू' विशेषण से लेकर शुद्ध संस्कृत की 'दुर्मुख', 'दुर्वासा' जैसी संज्ञाओं तक का भार सँभालनेवाला एक कोमलप्राण खरगोश था। परन्तु यथार्थ कभी-कभी कल्पना की सीमा नाप लेता है।

किसी सजातीय-विजातीय जीव से मेल न रखने के कारण माली ने उस खरगोश का लड़ाकू नाम रख दिया, मेरी शिष्याओं ने उसके कटखन्ने स्वभाव के कारण उसे दुर्मुख पुकारना आरम्भ किया और मैंने, उसकी अकारण क्रोधी प्रकृति कारण उसे दुर्वासा की संज्ञा से विभूषित किया।

लड़ाकू नाम के लिए तो किसी से क्षमा माँगने की आवश्यकता नहीं जान पड़ती, परन्तु दुर्मुख और दुर्वासा-जैसे पौराणिक नामों का ऐसा दुरुपयोग अवश्य ही चिन्तनीय कहा जायेगा।

दुर्मुख से तो मैं स्वयं भी रुष्ट हूँ। यह मर्यादा पुरुषोत्तम राम का गुप्तचर था और रजक द्वारा सीता सम्बन्धी अपवाद की बात राम से कहकर उसने सीता-निर्वासन की भूमिका घटित की थी। राजा अपने शत्रु राजाओं के क्रिया-कलाप की जानकारी के लिए गुप्तचर रखता है, प्रजा के प्रत्येक घर में दम्पत्ति की रहस्य-वार्ता जानने के लिये नहीं और यह तो सर्वविदित है कि पति-पत्नी क्रोध में एक-दूसरे से न जाने क्या-क्या कह डालते हैं। फिर क्रोध का आवेश समाप्त हो जाने पर "अजी जाने दो, वह तो क्रोध नें बिना सोचे-समझे मुँह से निकल गया था"—कहकर परस्पर क्षमा माँग लेते हैं। प्रत्येक गृहस्वामी अपने गृह का राजा और उसकी पत्नी रानी है। कोई गुप्तचर, चाहे देश के राजा का ही क्यों न हो, यदि उसकी निजी वार्ता को सार्वजनिक घटना के रूप में प्रचारित कर दे, तो उसे गुप्तचर का अनधिकार, दुष्टाचरण ही कहा जायेगा।

इससे स्पष्ट है कि पैने दाँतों के दुरुपयोग में पटु खरगोश का दुर्मुख नाम रखकर भी हमने राम के दुष्ट गुप्तचर का कोई अपमान नहीं

किया। परन्तु महर्षि दुर्वासा के नाम का ऐसा धृष्टतापूर्ण उपयोग करने के लिए मुझे उनकी रुद्र स्मृति से बराबर क्षमा याचना करनी पड़ी। वे महर्षि निर्वाण को प्राप्त होकर-निर्विकार ब्रह्म में क्रोध की तरंगें उठा रहे हैं या किसी अन्य लोकवासियों को शाप से कम्पायमान कर रहे हैं, यह जान लेने का कोई साधन नहीं है। सम्भवत: अन्तर्दृष्टि से यह जान लेने के उपरान्त कि उस शशक की क्रोधी प्रकृति को व्यक्त करने का सामर्थ्य केवल उन्हीं के नाम पर निहित है, उन्होंने मुझे क्षमा कर दिया है, अन्यथा मेरी धृष्टता अब तक शापमुक्त न रहती।

उस शशक दुर्वासा की प्राप्ति एक दुर्योग ही कही जायेगी।

पड़ोस के एक सज्जन दम्पत्ति ने खरगोश का एक जोड़ा पाल रखा था, जिसने उसके आँगन में मिट्टी के भीतर सुरंग-जैसा अपना निवास बना लिया था। सन्ध्या होते ही गृहिणी उस सुरंग के द्वार पर डलिया ढककर उस पर सिल रख देती थी। एक रात वह सुरंग का द्वार मूँदना भूल गई और निरन्तर ताक-झाँक में रहनेवाली मार्जारी ने बिल में घुसकर दोनों खरगोशों और उनके तीन बच्चों को क्षत-विक्षत कर डाला। केवल एक शशक-शिशु माँ के पैरों के बीच छिपा रहने के कारण जीवित बच गया।

इतने छोटे जीव को पालने की जो समस्या थी, उसका समाधान हमारे माली ने उसे मेरे घर लाकर कर दिया। खरगोश स्तनपायी जीव है, अत: बच्चे को रुई की बत्ती से दूध पिला-पिलाकर बड़ा करने का यत्न किया जाने लगा। रहता वह मेरे कमरे में ही था। उसके बैठने और सोने के लिए एक मचिया पर रुईदार गद्दी बिछा दी गई थी, पर वह प्राय: मेरे तकिये के पास ही सो जाता था। ज्यों-ज्यों वह बड़ा होने लगा त्यों-त्यों उसका क्रोधी स्वभाव हमारे विस्मय और चिंता का कारण बनने लगा।

वस्तुत: खरगोश बहुत निरीह जीव है। दाँत होने पर भी वह किसी को काटता नहीं, पंजे होने पर भी वह किसी को नोंचता-खरोंचता नहीं। भय उसका स्थायी भाव है। नवपालित शशक हमारी धारणाओं के

सर्वथा विपरीत था। दूध-भात देर से मिलने पर वह पंजों से कटोरी उलट देता, देनेवाले के हाथ में या हाथ पहुँच से बाहर होने पर पैर में अपने नन्हें पर पैने दाँत चुभा देता और कमरे भर में दौड़-दौड़कर जो कुछ उसकी पहुँच में होता उसे फेंकता-उलटता हुआ घूमता। उसके भय से छिपकली क्या अन्य कीट-पतंग तक मेरे कमरे से दूर रहते थे।

ऐसे वह अन्य खरगोशों के समान प्रियदर्शन था, परन्तु एक विशेषता के साथ। कुछ बड़े-बड़े सघन, कोमल और चमकीले फर के रोमों से उसका शरीर आच्छादित था, पूँछ छोटी और सुन्दर और पंजें स्वच्छ थे, जिनसे वह हर समय अपना मुख साफ करता रहता था। कान विलायती खरगोशों के कानों के समान कुछ कम लम्बे थे, परन्तु उनकी सुडौलता और सीधे खड़े रहने में विशेष मोहक सौंदर्य था। विशेषता यह थी कि एक कान काला था और एक सफेद। काले कान के ओर की आँख काली थी और सफेद कान के ओर की लाल। सामान्यत: सफेद खरगोखों की आँखें लाल और काले या चितकबरों की काली होती हैं। परन्तु इस खरगोश की दोनों आँखों ने अपने दो भिन्न रंगों से उस नियम का अपवाद उपस्थित कर दिया था। कभी-कभी लगता मानो दो भिन्न खरगोशों का आधा-आधा शरीर जोड़कर एक बना दिया गया हो और आँखों में एक ओर नीलम और दूसरी ओर रूबी का चमकीला मनका जड़ दिया गया हो। स्वजाति की सतर्कता और आतंकित मुद्रा का उसमें सर्वथा अभाव था।

मेरे कमरे में स्प्रिंगदार जाली के दरवाजे लगे हैं और खिड़कियों में भी जाली है। अचानक किसी कुत्ते-बिल्ली के भीतर आ जाने की सम्भावना नहीं रहती थी, परन्तु जाली के बाहर तो वे प्राय: आकर मेरी प्रतीक्षा में खड़े हो ही जाते थे। खरगोश न भागता, न कहीं छिपने का प्रयत्न करता वरन् जाली के पास आकर क्रोधित मुद्रा में अपनी दोनों काली-लाल आँखों से उन्हें घूरता रहता। बिल्ली यदि जाली के पार खिड़की पर आकर बैठ जाती, तो वह अपने पिछले दोनों पैरों पर खड़े होकर उसे देखता और मुख से विचित्र क्रोध भरा स्वर निकालता। मेरे कमरे में दुर्मुख के रहने से शेष पशु-पक्षियों को निर्वासन ही मिल गया

था, इसी से जब वह कुछ बड़ा, हृष्ट-पुष्ट और चिकना हो गया, तब मैंने उसे अपने पशु-पक्षियों के रहने के लिए बने जाली के घर में पहुँचाना उचित समझा। वहाँ आधा फर्श सीमेन्ट का है और आधा कच्ची मिट्टी का। क्योंकि खरगोश जैसे जीव मिट्टी खोदकर अपने लिए निवास बनाकर ही प्रसन्न रहते हैं। पिंजड़े या पक्के फर्शवाले घर में उनके जीवन का स्वाभाविक विकास और उल्लास रुक जाता है।

दुर्मुख ने पहले तो मिट्टी खोदकर अपने रहने के लिए सुरंग-जैसा घर बनाया और उस निर्माण-कार्य से अवकाश मिलते ही जालीघर के अन्य निवासियों से 'युद्धं देहि' कहना आरम्भ किया। उसके झपटने और काटने के कारण कबूतर, मोर आदि का दाना चुगने के लिए नीचे उतरना कठिन हो गया। वे तब तक अपने अड्डों और झूलों पर बैठे रहते, जब तक दुर्मुख अपने भोजन से तृप्त होकर सुरंग-घर में विश्राम के लिए न चला जाता। कभी-कभी सुरंग में भी जब उसे अपने प्रतिद्वन्द्वियों के नीचे उतरने की आहट मिल जाती तब वह अचानक उन पर आक्रमण कर किसी की गर्दन और किसी के पैरों में अपने पैने दाँत गड़ा देता और वे आर्त्त स्वर से कोलाहल करते हुए ऊपर उड़ जाते।

अन्त में यह सोचकर कि दुर्मुख के क्रोधी स्वभाव के कारण संभवत: उसका स्वजातिशून्य अकेलापन है, मैं नखासकोने में बड़े मियाँ से एक शशक-वधू खरीद लाई। वह हिम-खण्ड जैसी चमकीली, शुभ्र और लाल विद्रुम जैसी सुन्दर आँखों वाली थी, इसी से उसे हम 'हिमानी' कहने लगे। पर मेरी यह धारणा कि दुर्मुख उसके साथ शिष्ट खरगोश के समान व्यवहार करेगा, भ्रान्त सिद्ध हुई। अपनी काली-लाल आँखों में मानो धूम और ज्वाला मिलाकर आग्नेय दृष्टि से उसने नवागता को देखा और फिर आक्रमण कर दिया। बड़ी कठिनाई से हम उस बेचारी की रक्षा कर सके। अपने बिल में तो दुर्मुख ने उसे घुसने ही नहीं दिया और जब एक बार उसकी अनुपस्थिति का लाभ उठाकर हिमानी ने उसके सुरंग-भवन में प्रवेश का साहस किया, तब सुरंग के स्वामी ने अचानक लौटकर उसे कानों से खींचते हुए बाहर ही नहीं

निकाल दिया, उसके सुन्दर, कोमल और हिम शुभ्र कानों को कुतरकर लहू-लुहान भी कर डाला। निरुपाय हिमानी ने जब दूसरा बिल खोदकर और उसमें कोमल हरी दूब बिछाकर अपना विश्राम-कक्ष तैयार किया। तब दुर्मुख उस पर भी अपना अधिकार जमाने के लिए लड़ने लगा। फिर शीत के कुछ मास बीत जाने पर और वासंती ग्रीष्म के लम्बे दिन लौट आने पर दुर्मुख की कलहप्रियता में कुछ थोड़ा-सा अन्तर दिखाई पड़ा।

एक दिन जब हिमानी अपने बिल से छः शावकों की सेना लेकर निकली, तो जालीघर में ही नहीं, मेरे घर में भी उल्लासोत्सव की लहर बह गई, पर इस नवीन सृष्टि के आने के साथ ही दुर्मुख की अकारण क्रोधी प्रकृति भी अपने सम्पूर्ण ध्वंसात्मक आवेश के साथ लौट आई।

वह किसी बच्चे का पाँव चबा डालता, किसी का कान कुतर डालता और किसी की पीठ में घाव कर देता। कदम्ब के फूल से फूले वे कोमल बच्चे रक्त से रंग-बिरंगे हो उठते। हिमानी भी अपनी सन्तान की रक्षा के प्रयत्न में नित्य ही घायल होने लगी। लोरैक्सेन मरहम, नेबासल्फ पाउडर, रुई आदि की गन्ध से अशोक वृक्ष की छाया में मालती लता से छाया चिड़ियाघर भी अस्पताल का स्मरण दिलाने लगा।

फिर एक दिन क्रोध में दुर्मुख ने दो शशक-शावकों की कोमल गर्दन अपने तीखे दाँतों से इतनी क्षत-विक्षत कर डाली कि वे बचाये न जा सके। स्थिति इतनी चिंतनीय हो जाने पर मैंने उसे अलग रखने का निश्चय किया। बड़े जालीघर के पास एक छोटा जालीघर बनाकर उसमें दुर्मुख को स्थानान्तरित कर दिया गया जहाँ से वह देख सबको सकता था, परन्तु उन पर आक्रमण करने में असमर्थ था। अपने निर्वासन में वह कुछ दिनें तक निष्फल क्रोध से छटपटाता रहा, फिर धरती खोदकर बिल बनाने में व्यस्त हो गया। बड़े जालीघर में जाने के लिए उसने ऐसा अव्यर्थ उपाय खोज निकाला था, जिसकी हम कल्पना भी नहीं कर सके थे। धरती के नीचे-नीचे उसने एक इतनी लम्बी सुरंग खोद डाली जो बड़े जालीघर के भीतर पहुँच गई और इसी से वह बड़े

जालीघर में बिना रोकटोक आने लगा। माली ने बड़े जालीघर में खुलनेवाली सुरंग के द्वार को पत्थर से बन्द तो कर दिया, परन्तु इससे दुर्मुख का आक्रमण रोकना कठिन था। वह नये-नये द्वार बना लेता और जालीघर को जब-तब रणक्षेत्र में परिवर्तित करता रहता। उसके बच्चे बड़े हो गये, फिर उनके भी बच्चे होने लगे, पर उनमें से न कोई दुर्मुख से लड़कर बल में जीत सका और न अपत्य-स्नेह से उसका हृदय जीत सका। यदि मृत्यु उसे न जीत लेती तो यह क्रम निरन्तर चलता रहता।

फिर एक दिन जाकर देखा कि दुर्मुख निश्चेष्ट और ठंडा पड़ा है और एक सँपोले की पूँछ की ओर का भाग उसके दाँतों में दबा हुआ है। सँपोले के मुख की ओर का भाग उसके पंजों के नीचे था।

प्राय: खरगोश की गंध से साँप आ जाते हैं; क्योंकि वह उसके प्रिय खाद्यों में से एक है। सम्भवत: साँप का बच्चा गन्ध से जाली के भीतर घुस आया हो, क्योंकि बड़े साँप का तो उस जाली में प्रवेश कठिन था। दुर्मुख अपने स्वभाव के कारण ही उस पर झपट पड़ा होगा। वह जालीघर में बने चबूतरे पर भी चढ़ सकता था। जिस पर साँप न चढ़ पाता और सुरंग से बड़े जालीघर में भी जा सकता था, जहाँ मोरी के कारण साँप न प्रवेश कर पाता, परन्तु उसकी चिर लड़ाकू प्रकृति ने बचाव का कोई साधन स्वीकार नहीं किया। क्रोधी प्रकृति में भी पार्थिव रूप से मारक विष नहीं रहता, इसी से बेचारा दुर्मुख सँपोले का भी दंशन-विष नहीं सह सका, परन्तु मृत्यु से पहले उसने शत्रु के दो खण्ड करके अपना प्रतिशोध तो ले ही लिया।

हमने बड़े जालीघर में उसकी समाधि बना दी है। मेरे सौ के लगभग खरगोश दुर्मुख की ही प्रजा है, इसे कम लोग जानते हैं। उसकी संतति तो अपने पूर्वज का इतिहास जानने की शक्ति नहीं रखती, परन्तु मेरे घर में उसकी विशेषताओं की चर्चा प्राय: हो जाती है।

मेरे माली का आज भी निश्चित मत है कि उस खरगोश पर पहलवान जी की छाया थी, नहीं तो भला कोई खरगोश साँप से

लड़कर उसके टुकड़े कर सकता है! पहलवान की समाधि कहीं पास ही है और उनकी शक्ति की इतनी ख्याति है कि दूर-दूर से ग्रामवासी मनौतियाँ मनाने आते हैं।

पर मुझे आज भी वह छोटा, मैगनोलिया के फूल-सा कोमल श्वेत शशक-शावक स्मरण हो आता है, जिसके जीवन के आरम्भ में ही उस पर दुर्योग से मार्जारी की निष्ठुर छाया आ पड़ी थी। यदि वह अन्य शावक के समान खेलता-खाता माँ की स्नेह-छाया में बड़ा होता तो पता नहीं कैसा होता।

गौरा गाय

गौरा मेरी बहिन के घर पली हुई गाय की वःयसन्धि तक पहुँची हुई बछिया थी। उसे इतने स्नेह और दुलार से पाला गया था कि वह अन्य गोवत्साओं से कुछ विशिष्ट हो गई थी।

बहिन ने एक दिन कहा, तुम इतने पशु-पक्षी पाला करती हो—एक गाय क्यों नहीं पाल लेती, जिसका कुछ उपयोग हो। वास्तव में मेरी छोटी बहिन श्यामा अपनी लौकिक बुद्धि में मुझसे बहुत बड़ी है और बचपन से उनकी कर्मनिष्ठा तथा व्यवहार-कुशलता की बहुत प्रशंसा होती रही है, विशेषतः मेरी तुलना में।

यदि वे आत्मविश्वास के साथ कुछ कहती हैं तो उनका विचार संक्रामक रोग के समान सुननेवाले को तत्काल प्रभावित करता है। आश्चर्य नहीं, उस दिन उनके प्रतियोगितावाद सम्बन्धी भाषण ने मुझे इतना अधिक प्रभावित किया कि तत्काल उस सुझाव का कार्यान्वयन आवश्यक हो गया।

वैसे खाद्य की किसी भी समस्या के समाधान के लिए पशु-पक्षी पालना मुझे कभी नहीं रुचा। बकरी, कुक्कुट, मछली आदि पालने के मूल उद्देश्य का ध्यान आते ही मेरा मन विद्रोह करने लगता है।

पर उस दिन मैंने ध्यानपूर्वक गौरा को देखा। पुष्ट लचीले पैर, भरे पुट्ठे, चिकनी भरी हुई पीठ, लम्बी-सुडौल गर्दन, निकलते हुए छोटे-छोटे सींग, भीतर की लालिमा की झलक देते हुए कमल की दो अधखुली पंखड़ियों जैसे कान, लम्बी और अन्तिम छोर पर काले सघन चामर का स्मरण दिलानेवाली पूँछ, सब कुछ साँचे में ढला हुआ-सा था। गाय को मानो इटैलियन मार्बल में तराशकर उस पर ओप दी गई हो।

स्वस्थ पशु के रोमों की सफेदी में एक विशेष चमक होती है। गौरा की उज्ज्वलता देखकर ऐसा लगा मानो उसके रोमों पर अभ्रक का चूर्ण मल दिया गया हे, जिसके कारण जिधर आलोक पड़ता था, उधर विशेष चमक उत्पन्न हो जाती थी।

गौरा को देखते ही मेरी गाय पालने के सम्बन्ध में दुविधा निश्चय में बदल गई।

गाय जब मेरे बँगले पर पहुँची तब मेरे परिचितों और परिचारकों में श्रद्धा का ज्वार-सा उमड़ आया। उसे लाल-सफेद गुलाबों की माला पहनायी, केशर-रोली का बड़ा-सा टीका लगाया गया, घी का चौमुखा दिया जलाकर आरती उतारी गई और उसे दही-पेड़ा खिलाया गया। उसका नामकरण हुआ गौरांगिनी या गौरा। पता नहीं, इस पूजा-अर्चना का उस पर क्या प्रभाव पड़ा, परन्तु वह बहुत प्रसन्न जान पड़ी। उसकी बड़ी, चमकीली और काली आँखों में जब आरती के दिये की लौ प्रतिफलित होकर झिलमिलाने लगी, तब कई दियों का भ्रम होने लगा। जान पड़ा, जैसे रात में काली दिखने वाली लहर पर किसी ने कई दिये प्रभावित कर दिये हों।

गौरा वास्तव में बहुत प्रियदर्शनी थी, विशेषतः उसकी काली-बिल्लौरी आँखों का तरल सौंदर्य तो दृष्टि को बाँधकर स्थिर कर देता था। चौड़े उज्ज्वल माथे और लम्बे साँचे में ढले हुए से मुख पर आँखें बर्फ में नीले जल के कुण्डों के समान लगती थीं। उनमें एक अनोखा विश्वास का भाव रहता था। गाय के नेत्रों में हिरन के नेत्रों-जैसा चकित विस्मय न होकर एक आत्मीय विश्वास ही रहता है। उस पशु को मनुष्य से यातना ही नहीं, निर्मम मृत्यु तक प्राप्त होती है, परन्तु उसकी आँखों के विश्वास का स्थान न विस्मय ले पाता है, न आतंक।

महात्मा गाँधी ने 'गाय करुणा की कविता है', क्यों कहा, यह उसकी आँखें देखकर ही समझ में आ सकता है।

गौरा की अलस मंथर गति से तुलना करने योग्य कम वस्तुएँ हैं। तीव्र गति में सौंदर्य है, परंतु वह मंथर गति के सौंदर्य को नहीं पाता। बाण की तीव्र गति क्षण भर के लिए दृष्टि में चकाचौंध उत्पन्न कर सकती है, परन्तु मन्द समीर से फूल का अपने वृत्त पर हौले-हौले हिलना दृष्टि का उत्सव है।

कुछ ही दिनों में वह सबसे इतनी हिलमिल गई कि अन्य पशु-पक्षी अपनी लघुता और उसकी विशालता का अन्तर भूल गये। कुत्ते-बिल्ली उसके पेट के नीचे और पैरों के बीच में खेलने लगे। पक्षी उसकी पीठ और माथे पर बैठकर उसके कान तथा आँखें खुजलाने लगे। वह भी स्थिर खड़ी रहकर और आँखें मूँदकर मानो उनके सम्पर्क-सुख की अनुभूति में खो जाती थी।

हम सबको वह आवाज से नहीं, पैर की आहट से भी पहचानने लगी। समय का इतना अधिक बोध उसे हो गया था कि मोटर के फाटक में प्रवेश करते ही वह बाँ-बाँ की ध्वनि से हमें पुकारने लगती। चाय, नाश्ता तथा भोजन के समय से भी वह इतनी परिचित थी कि थोड़ी देर कुछ पाने की प्रतीक्षा करने के उपरान्त रँभा-रँभाकर घर सिर पर उठा लेती थी।

उसका हमसे साहचर्यजनित लगाव मानवीय स्नेह के समान ही निकटता चाहता था। निकट जाने पर वह सहलाने के लिए गर्दन बढ़ा देती, हाथ फेरने पर अपना मुख आश्वस्त भाव से कंधे पर रखकर आँखें मूँद लेती। जब उससे दूर जाने लगते तब गर्दन घुमा-घुमाकर देखती रहती। आवश्यकता के लिए उसके पास एक ही ध्वनि थी। परन्तु उल्लास, दुःख, उदासीनता, आकुलता आदि की अनेक छाया-छबियाँ उसकी बड़ी और काली आँखों में तैरा करती थीं।

एक वर्ष के उपरान्त गौरा एक पुष्ट सुन्दर वत्स की माता बनीं। वत्स अपने लाल रंग के कारण गेरू का पुतला-जैसा जान पड़ता था। उसके माथे पर पान के आकार का श्वेत तिलक और चारों पैरों में खुरों के ऊपर सफेद वलय ऐसे लगते थे मानो गेरू की बनी वत्समूर्ति को चाँदी के आभूषणों से अलंकृत कर दिया गया हो। बछड़े का नाम रखा गया लालमणि; परन्तु उसे सब लालू के संबोधन से पुकारने लगे। माता-पुत्र दोनों निकट रहने पर हिमराशि और जलते अंगारे का स्मरण कराते थे। अब हमारे घर में मानो दुग्ध-महोत्सव आरम्भ हुआ। गौरा प्रातः सायं बारह सेर के लगभग दूध देती थी; अतः लालमणि

के लिए कई सेर छोड़ देने पर भी इतना अधिक शेष रहता था कि आस-पास के बालगोपाल से लेकर कुत्ते-बिल्ली तक सब पर मानो 'दूधों नहाओ' का आशीर्वाद फलित होने लगा। कुत्ते-बिल्लियों ने तो एक अद्भुत दृश्य उपस्थित कर दिया था। दुग्ध-दोहन के समय वे सब गौरा के सामने एक पंक्ति में बैठ जाते और महादेव उनके आगे उनके खाने के लिए निश्चित बर्तन रख देता। किसी विशेष आयोजन पर आमंत्रित अतिथियों के समान वे परम शिष्टता का परिचय देते हुए प्रतीक्षा करते रहते। फिर नाप-नापकर सबके पात्रों में दूध डाल दिया जाता, जिसे पीने के उपरान्त वे एक बार फिर अपने-अपने स्वर में कृतज्ञता ज्ञापन-सा करते हुए गौरा के चारों ओर उछलने-कूदने लगते। जब तक वे सब चले न जाते, गौरा प्रसन्न दृष्टि से उन्हें देखती रहती। जिस दिन उनके आने में विलम्ब होता, वह रँभा-रँभाकर मानो उन्हें पुकारने लगती।

पर अब दुग्ध-दोहन की समस्या कोई स्थायी समाधान चाहती थी। नौकरी में नागरिक तो दुहना जानते ही नहीं थे और जो गाँव से आये थे, वे अनभ्यास के कारण यह कार्य इतना भूल चुके थे कि घण्टों लगा देते थे। गौरा के दूध देने के पूर्व जो ग्वाला हमारे यहाँ दूध देता था, जब उसने इस कार्य के लिए अपनी नियुक्ति के विषय में आग्रह किया, तब हमने अपनी समस्या का समाधान पा लिया।

दो-तीन मास के उपरान्त गौरा ने दाना-चारा खाना बहुत कम कर दिया और वह उत्तरोत्तर दुर्बल और शिथिल रहने लगी। चिन्तित होकर मैंने पशु-चिकित्सकों को बुलाकर दिखाया। वे कई दिनों तक अनेक प्रकार के निरीक्षण, परीक्षण, एक्स-रे आदि द्वारा रोग का निदान खोजते रहे। अन्त में उन्होंने निर्णय दिया कि गाय को सुई खिला दी गई है, जो उसके रक्त-संचार के साथ हृदय तक पहुँच गई है। जब सुई गाय के हृदय के पार हो जायेगी तब रक्त-संचार रुकने से उसकी मृत्यु निश्चित है।

मुझे कष्ट और आश्चर्य दोनों की अनुभूति हुई। सुई खिलाने का क्या तात्पर्य हो सकता है? दाना-चारा तो हम स्वयं देखभाल कर देते हैं, परन्तु सम्भव है, उसी में सुई चली गई हो। पर डॉक्टर के उत्तर से ज्ञात हुआ कि दाने-चारे के साथ गई सुई गाय के मुख में ही छिदकर रह जाती है, गुड़ की बड़ी डली के भीतर रखी सुई ही गले के नीचे उतर जाती है और अन्ततः रक्त-संचार में मिलकर हृदय में पहुँच सकती है।

अन्त में एक ऐसा निर्मम सत्य उद्घाटित हुआ जिसकी कल्पना भी मेरे लिए संभव नहीं थी। प्रायः कुछ ग्वाले ऐसे घरों में, जहाँ उनसे अधिक दूध लिया जाता है, गाय का आना सह नहीं पाते। अवसर मिलते ही वे गुड़ में लपेटकर सुई उसे खिलाकर उसकी असमय मृत्यु निश्चित कर देते हैं। गाय के मर जाने पर उन घरों में वे पुनः दूध देने लगते हैं। सुई की बात ज्ञात होते ही ग्वाला एक प्रकार से अन्तर्धान हो गया; अतः सन्देह का विश्वास में बदल जाना स्वाभाविक था। वैसे उसकी उपस्थिति में भी किसी कानूनी कार्यवाही के लिए आवश्यक प्रमाण जुटाना असम्भव था।

तब गौरा का मृत्यु से संघर्ष आरंभ हुआ, जिसकी स्मृति मात्र से आज भी मन सिहर उठता है। डॉक्टरों ने कहा, "गाय को सेब का रस पिलाया जावे, तो सुई पर कैल्शियम जम जाने और उसके न चुभने की सम्भावना है। अतः नित्य कई-कई सेर सेब का रस निकाला जाता और नली से गौरा को पिलाया जाता। शक्ति के लिए इंजेक्शन पर दिये जाते। पशुओं के इंजेक्शन के लिए सूजे के समान बहुत लम्बी मोटी सिरिन्ज तथा बड़ी बोतल भर दवा की आवश्यकता होती है। अतः वह इंजेक्शन भी अपने आप में 'शल्यक्रिया' जैसा यातनामय हो जाता था। पर गौरा अत्यन्त शान्ति से बाहर और भीतर दोनों ओर की चुभन और पीड़ा सहती थी। केवल कभी-कभी उसकी सुन्दर पर उदास आँखों के कानों में पानी की दो बूँदें झलकने लगती थीं।

अब वह उठ नहीं पाती थी, परन्तु मेरे पास पहुँचते ही उसकी आँखों में प्रसन्नता की छाया-सी तैरने लगती थी। पास जाकर बैठने पर वह मेरे

कन्धे पर अपना मुख रख देती थी और अपनी खुरदरी जीभ से मेरी गर्दन चाटने लगती थी।

लालमणि बेचारे को तो माँ की व्याधि और आसन्न मृत्यु का बोध नहीं था। उसे दूसरी गाय का दूध पिलाया जाता था, जो उसे रुचता नहीं था। वह तो अपनी माँ का दूध पीना और उससे खेलना चाहता था; अत: अवसर मिलते ही वह गौरा के पास पहुँचकर या अपना सिर मार-मार, उसे उठाना चाहता था या खेलने के लिए उसके चारों ओर उछल-कूदकर परिक्रमा ही देता रहता।

मैंने बहुत से जीव-जन्तु पाल रखे हैं, अत: उनमें से कुछ को समय-असमय विदा देनी ही पड़ती है। परन्तु ऐसी मर्मव्यथा का मुझे स्मरण नहीं है।

इतनी हृष्ट-पुष्ट, सुन्दर, दूध-सी उज्ज्वल पयस्विनी गाय अपने इतने सुन्दर चंचल वत्स को छोड़कर किसी भी क्षण निर्जीव और निश्चेष्ट हो जायेगी, यह सोचकर ही आँसू आ जाते थे।

लखनऊ, कानपुर आदि नगरों से भी पशु-विशेषज्ञों को बुलाया, स्थानीय पशु-चिकित्सक 'तो दिन में दो-तीन बार आते रहे, परन्तु किसी ने ऐसा उपचार नहीं बताया, जिससे आशा की कोई किरण मिलती। निरुपाय मृत्यु की प्रतीक्षा का मर्म वही जानता है, जिसे किसी असाध्य और मरणासन्न रोगी के पास बैठना पड़ता हो।

जब गौरा की सुन्दर चमकीली आँखें निष्प्रभ हो चलीं और सेब का रस भी कंठ में रुकने लगा, तब मैंने अन्त का अनुमान लगा लिया। अब मेरी एक ही इच्छा थी कि मैं उसके अंत समय उपस्थित रह सकूँ। दिन में ही नहीं, रात में भी कई-कई बार उठकर मैं उसे देखने जाती रही।

अन्त में एक दिन ब्रह्ममुहूर्त में चार बजे जब मैं गौरा को देखने गई, तब जैसे ही उसने अपना मुख सदा के समान मेरे कंधे पर रखा, वैसे ही वह एकदम पत्थर-जैसा भारी हो गया और मेरी बाँह पर से

सरककर धरती पर आ रहा। कदाचित् सुई ने हृदय को बेधकर बन्द कर दिया।

अपने पालित जीव-जन्तुओं के पार्थिव अवशेष मैं गंगा को समर्पित करती रही हूँ। गौरांगिनी को ले जाते समय मानो करुणा का समुद्र उमड़ आया, परन्तु लालमणि इसे भी खेल समझ उछलता-कूदता रहा। यदि दीर्घ-नि:श्वास का शब्दों में अनुवाद हो सके, तो उसकी प्रतिध्वनि कहेगी 'आह मेरा गोपालक देश!'

नीलू कुत्ता

नीलू की कथा उसकी माँ की कथा से इस प्रकार जुड़ी है कि एक के बिना दूसरी अपूर्ण रह जाती है।

उसकी अल्सेशियन माँ उत्तरायण में लूसी के नाम से पुकारी जाती थी। हिरणी के समान वेगवती साँचे में ढली हुई देह, जिसमें व्यर्थ कहने के लिए एक तोला मांस भी नहीं था। ऊपर काला आभास देनेवाले भूरे पीताभ रोम, बुद्धिमानी का पता देनेवाली काली पर छोटी आँखें, सजग खड़े कान और सघन, रोयेंदार तथा पिछले पैरों के टखनों को छूनेवाली लम्बी पूँछ, सब कुछ उसे राजसी विशेषता देता था। थी भी वह सामान्य कुत्तों से भिन्न।

अल्सेशियन कुत्ता एक ही स्वामी को स्वीकार करता है। यदि परिस्थितियों के कारग एक व्यक्ति का स्वामित्व उसे सुलभ नहीं होता, तो वह सबके साथ सहचर-जैसा आचरण करने लगता है। दूसरे शब्दों में, आदेश किसी का नहीं मानता, परन्तु सबके स्नेहपूर्ण अनुरोध की रक्षा में तत्पर रहता है। लूसी की स्थिति भी स्वच्छन्द सहचरी के समान हो गई थी।

उत्तरायण में जो पगडंडी दो पहाड़ियों के बीच से मोटर-मार्ग तक जाती थी, उसके अंत में मोटर-स्टाप पर एक ही दूकान थी, जिसमें आवश्यक खाद्य-सामग्री प्राप्त हो सकती थी। शीतकाल में यह दो पर्वतीय भित्तियों क अन्तराल बर्फ से भर जाता था और उससे पगडंडी के अस्तित्व का चिह्न भी शेष नहीं रहता था। तब दूकान तक पहुँचने में असमर्थ उत्तरायण के निवासी, लूसी के गले में रुपये और सामग्री की सूची के साथ एक बड़ा अँगोछा या चादर बाँधकर उससे सामान लाने का अनुरोध करते थे। वंश-परम्परा से बर्फ में मार्ग बना लेने की सहज चेतना के कारण वह सारे व्यवधान पार कर दूकान तक पहुँच जाती। दूकानदार उसके गले से कपड़ा खोलकर, रुपया, सूची आदि लेने के उपरान्त सामान की गठरी उसके गले या पीठ से बाँध देता और लूसी सारे बोझ के साथ बर्फीला मार्ग पार करती हुई सकुशल लौट आती।

किसी-किसी दिन उसे कई बार आना-जाना पड़ता था। कभी चीनी मँगवाई और चाय रह गई। कभी आटा याद रहा और आलू भूल गये। पर लूसी को मँगवानेवालों के भुलक्कड़पन से कोई शिकायत कभी नहीं रही। गले में कपड़ा बाँधते ही वह तीर की तरह दूकान की दिशा में चल देती। उसकी तत्परता के कारण मँगानेवालों में भूलने की प्रवृत्ति बढ़ती ही थी। एक दिन किसी अधिक ऊँचाई पर बसे पर्वतीय ग्राम से बर्फ में भटकता हुआ एक भूटिया कुत्ता दूकान पर आ गया और लूसी से उसकी मैत्री हो गई। उन दोनों में आकृति की वही भिन्नता थी, जो एक तराशी हुई सुडौल मूर्ति और अनगढ़ शिलाखण्ड में होती है, परन्तु दुर्दिन के साथी होने के कारण वे सहचर हो गये।

उन्हीं सर्दियों में लूसी ने दो बच्चों को जन्म देकर अपनी वंश-वृद्धि की, किन्तु उनमें से एक तो शीत के कारण मर गया और दूसरा अपनी ही जीवन-ऊष्मा के बल पर उस ठिठुरानेवाले परिवेश से जूझने लगा।

शीतऋतु में प्राय: लकड़बग्घे ऊँचे पर्वतीय अंचल से नीचे उतर आते हैं और बर्फ में भटकते हुए मिल जाते हैं। वैसे तो यह हिंसक जीव कुत्ते से कुछ ही बड़ा होता है, परन्तु कुत्ता इसका प्रिय खाद्य होने के कारण रक्षणीय की स्थिति में आ जाता है।

सामान्य कुत्ते तो लकड़बग्घे को देखते ही स्तब्ध और निर्जीव से हो जाते हैं; अत: उन्हें घसीट ले जाने में इसे कोई प्रयास ही नहीं करना पड़ता। असामान्य भूटिये या अल्सेशियन कुत्ते उससे संघर्ष करते हैं अवश्य, परन्तु अन्त: पराजित ही होते हैं। 4-5 दिन के बच्चों को छोड़कर लूसी फिर दूकान तक आने-जाने लगी थी।

एक संध्या के झुटपुटे में लूसी ऐसी गई कि फिर लौट ही नहीं सकी। बर्फ के दिनों में साँझ ही से सघन अन्धकार घिर आता है और हवा ऐसी तुषार बोझिल हो जाती है कि गंध भी वहन नहीं कर पाती। इसी से प्राय: शीतकाल में घ्राणशक्ति के कुछ कुंठित हो जाने के कारण कुत्ते लकड़बग्घे के आने की गंध पाने में असमर्थ रहते हैं और उसके अनायास आहार बन जाते हैं। सवेरे बर्फ पर कई बड़े-छोटे पंजों के तथा आगे-पीछे घसीटने-

घिसटने के चिह्न देखकर निश्चय हो गया कि लूसी ने बहुत संघर्ष के उपरांत ही प्राण दिये होंगे। बर्फ पर रक्त के पनीले धब्बे ऐसे लगते थे मानो किसी बालक की ड्राइंग-पुस्तिका के सफेद पृष्ठ पर लाल स्याही की दावात उलट गई हो।

लूसी के लिये सभी रोये, परन्तु जिसे सबसे अधिक रोना चाहिए था, वह बच्चा तो कुछ जानता ही न था। एक दिन पहले उसकी आँखें खुली थीं; अत: माँ से अधिक वह दूध के अभाव में शोर मचाने लगा। दुग्ध-चूर्ण से दूध बनाकर उसे पिलाया, पर रजाई में भी वह माँ के पेट की उष्णता खोजता और न पाने पर रोता-चिल्लाता रहा। अन्त में हमने उसे कोमल ऊन और अधबुने स्वेटर की डलिया में रख दिया, जहाँ वह माँ के सामीप्य सुख के भ्रम में सो गया। डलिया में वह ऊन की गेंद जैसा ही लगता था।

आने के समय उसे अपने साथ प्रयाग लाना पड़ा। बड़े होने पर देखा कि वह अपनी माँ के समान ही विशिष्ट है। भूटिये बाप और अल्सेशियन माँ के रूप-रंग ने उसे जो वर्णसंकरता दी थी, उसके कारण न वह अल्सेशियन था, न भूटिया।

रोमों के भूरे, पीले और काले रंगों के सम्मिश्रण से जो रंग बना था, वह एक विशेष प्रकार का धूपछाँही हो गया था। धूप पड़ने पर एक की झलक मिलती थी, छाँह में दूसरे की और दिन के उजाले में तीसरे की। कानों की चौड़ाई और नुकीलेपन में भी कुछ नवीनता थी। सिर ऊपर की ओर अन्य कुत्तों के सिर से बड़ा और चौड़ा था और नीचे लम्बोतरा, पर सुडौल। पूँछ अल्सेशियन कुत्तों की पूँछ के समान सघन रोमों से युक्त, पर ऊपर की ओर मुड़ी कुंडलीदार थी। पैर अल्सेशियन कुत्ते के पैरों के समान लम्बे, पर पंजे भूटिये के समान मजबूत, चौड़े और मुड़े हुए नाखूनों से युक्त थे। शरीर के ऊपर का भाग चौड़ा, पर नीचे का पतले पेट के कारण हल्का और तीव्र गति का सहायक था। आँखें न काली थी, न भूरी और न कंजी। उन गोल और काली कोरवाली आँखों का रंग शहद के रंग के समान था, जो धूप में तरल सुनहला हो जाता था और छाया में जमे हुए मधु-सा पारदर्शी लगता था।

आकृति की विशेषता के साथ उसके बल और स्वभाव में भी विशेषता थी। ऊँची दीवार को भी वह एक छलाँग में पार कर लेता था। भले का स्वर इतना भारी, मन्द और गूँजनेवाला था कि रात्रि में उसका एक बार भौंकना भी वातावरण की स्तब्धता को कम्पित कर देता था। अन्य कुत्तों के समान खाने के लिए लालायित रहना, प्रसन्नता व्यक्त करने के लिए पूँछ हिलाना, कृतज्ञता ज्ञापित करने के लिए चाटना, याचक के दीनभाव से स्वामी के पीछे-पीछे घूमना, अकारण भौंकना, काटना आदि प्रकृतिदत्त स्वान-गुणों का उसमें सर्वथा अभाव था।

मैंने अनेक कुत्ते देखे और पाले हैं, किन्तु कुत्ते के दैन्य से रहित और उसके लिए अलभ्य दर्प से युक्त मैंने केवल नीलू को ही देखा है। उसके प्रिय से प्रिय खाद्य को भी यदि अवज्ञा के साथ फेंककर दिया जाता, तो वह उसकी ओर देखता भी नहीं, खाना तो दूर की बात है।

यदि उसे किसी बात पर झिड़क दिया जाता तो बिना बहुत मनाये वह मेरे सामने ही न आता।

विगत बारह वर्षों से उसका बैठने का स्थान मेरे घर का बाहरी बरामदा ही रहा, जिसकी ऊपरी सीढ़ी पर पोर्टिको के सामने बैठकर वह प्रत्येक आने-जानेवाले का निरीक्षण करता रहता। मुझसे मिलनेवालों में वह प्राय: सबको पहचानता था। किसी विशेष परिचित को आया देखकर वह सदर्प धीरे-धीरे भीतर आकर मेरे कमरे के दरवाजे पर खड़ा हो जाता। उसका इस प्रकार आना ही मेरे लिए किसी मित्र की उपस्थिति की सूचना थी। मुझसे "आ रही हूँ" सुनने के उपरांत वह पुन: बाहर अपने निश्चित स्थान पर जा बैठता।

न जाने किस सहज चेतना से वह अपरिचित या असमय आये व्यक्ति को जान लेता था तब नितान्त निरपेक्ष और उदासीन भाव से उसकी घंटी बजाना, नौकर का आकर समाचार ले जाना आदि देखता रहता।

कुत्ते भाषा नहीं जानते ध्वनि पहचानते हैं। नीलू का ध्वनि-ज्ञान इतना विस्तृत और गहरा था कि उससे कुछ कहना भाषा जाननेवाले मनुष्य से बात करने के समान हो जाता था। बाहर या रास्ते में घूमते हुए यदि कोई

उससे कह देता ''गुरु जी तुम्हें ढूँढ़ रही थीं नीलू'' तो वह विद्युत गति से चहारदीवारी कूदकर मेरे कमरे के सामने आदेश की प्रतीक्षा में आकर खड़ा हो जाता। फिर कोई काम नहीं है, जाओ' कहने के पहले वह मूर्तिवत् एक स्थिति में ही खड़ा रह जाता। कभी-कभी मैं किसी कार्य में व्यस्त होने के कारण उसकी उपस्थिति जान ही नहीं पाती और उसे बहुत समय तक बिना हिले-डुले खड़ा रहना पड़ता।

हिंसक और क्रोधी भूटिये बाप और आखेटप्रिय अल्सेशियन माँ से जन्म पाकर भी उसमें हिंसा प्रवृत्ति का कोई चिह्न नहीं था। तेरह वर्ष के दीर्घ जीवन में भी उसे किसी पशु-पक्षी पर झपटते या मारते नहीं देखा गया। उसका यह स्वभाव मेरे लिए ही नहीं, सब देखनेवालों के लिए आश्चर्य की घटना थी।

मेरे बँगले के रोशनदानों में प्राय: गौरैय्या तिनकों से घोंसला बना लेती है। मुझे उनके परिश्रमपूर्वक बनाये हुए घोंसले उजाड़ना अच्छा नहीं लगता, अत: कालान्तर में उनमें अण्डों और पक्षि-शावकों की सृष्टि बस जाती है। कुछ-कुछ अंकुर जैसे पंख निकलते ही वे पक्षि-शावक उड़ने के असफल प्रयास में रोशनदानों से नीचे गिरने लगते हैं। इन दिनों नीलू उनके सतर्क पहरेदार का कर्त्तव्य सँभाल लेता था। उसके भय से कोई भी कुत्ता-बिल्ली उन नादान उड़ने-गिरनेवालों को हानि पहुँचाने का साहस नहीं कर पाता था। कभी-कभी बहुत छोटे पक्षि-शावकों को पुन: घोंसले में रखवाने के लिए वह उन्हें हौले से मुख में दबाकर मेरे पास ले आता था। जब तक रोशनदान में सीढ़ी लगवाकर मैं उस बच्चे को घोंसले में पहुँचाने की व्यवस्था न कर लेती, तब तक वह या तो बड़ी कोमलता से उसे दबाये खड़ा रहता था या मेरे हाथ में देकर प्रतीक्षा की मुद्रा में देखता रहता। सवेरे नियमानुसार जब मैं मोर, खरगोश आदि को दाना देने निकलती, तब वह, चाहे जाड़ा हो चाहे बरसात, मुझे दरवाजे पर ही मिलता और मेरे साथ-साथ घूमता। पक्षियों के कक्ष में दो फुट ऊँची दीवार पर जाली लगी हुई है। नीलू दीवार पर दोनों पंजे रखकर खड़ा हो जाता और अपनी गोल आँखें घुमाकर प्रत्येक कक्ष और उसमें रहनेवालों का निरीक्षण-परीक्षण करता रहता। उससे इस नियम में कभी व्यतिक्रम नहीं पड़ा।

उसका रात का कर्त्तव्य भी स्वेच्छा-स्वीकृत और निश्चित था। सबके सो जाने पर वह, गर्मियों में बाहर लॉन पर और सर्दियों में बरामदे में तख्त पर बैठकर पहरेदारी का कार्य करता। रात में कई-कई बार वह पूरे कम्पाउण्ड का और पशु-पक्षियों के घर का चक्कर लगाता रहता। रात चाहे उजाली हो चाहे बादल गरज रहे हों, चाहे आँधी चल रही हो, उसके चक्कर को विराम नहीं था। रात के सन्नाटे में उसके मन्द-गम्भीर स्वर से ही हम अनुमान लगा पाते थे कि वह किस कोने में पहरा दे रहा है।

खरगोश धरती के भीतर सुरंग-जैसे लम्बे और दोनों ओर द्वारवाले बिल खोद लेते हैं। एक रात मेरे खरगोश बिल खोदते-खोदते पड़ोस के दूसरे कम्पाउण्ड में जा निकले और उनमें से कई जो इस अभियान में अगुआ थे, जंगली बिल्ले द्वारा क्षत-विक्षत कर दिये गये। सुरंग से बाहर जानेवालों का जो हाल होता है, उससे भीतर रहनेवाले अनजान रहते हैं, अतः एक के पीछे एक निकलते हुए खरगोशों में सभी को मार्जारी या शृगाल का आहार बन जाना पड़ता। किन्तु उनके सौभाग्य से पहरे के नित्यक्रम में घूमते हुए नीलू ने संभवतः पत्तियों की सरसराहट से सजग होकर चहारदीवारी के पार देखा होगा और शीत की कुहराच्छन्न रात की मलिन चाँदनी में भी उसने खरगोशों के संकट को पहचान लिया होगा।

उसके कूदकर दूसरी ओर पहुँचते ही बिल्ला तो भाग गया, परन्तु खरगोशों को बाहर निकलने से रोकने के लिए वह रात भर ओस से भीगता हुआ सुरंग के द्वार पर खड़ा रहा।

यह परोपकार नीलू के लिए बहुत महँगा पड़ा, क्योंकि उसे सर्दी लगने से न्यूमोनिया हो गया और कई दिनों तक इंजेक्शन, दवा आदि का कष्ट झेलना पड़ा। वैसे वह शान्त भाव से कड़वी दवा भी पी लेता था और सुई भी लगवा लेता था।

एक बार जब मोटर-दुर्घटना में आहत हो मुझे मार्ग से ही अस्पताल जाना पड़ा, तब सन्ध्या तक मेरी प्रतीक्षा करके और कपड़े, चादर, कम्बल आदि सामान अस्पताल में ले जानेवालों की हड़बड़ी देखकर उसकी सहज चेतना ने किसी अनिष्ट का आभास पा लिया।

जो भी उस संध्या को मेरे बँगले पर पहुँचा, वह नीलू की विषादमयी निश्चेष्ट मुद्रा देखकर विस्मित हुए बिना नहीं रहा।

जब तीन दिन तक उसने न कुछ खाया न पिया, तब डॉक्टर से अनुमति लेकर उसे अस्पताल लाया गया।

पट्टियों के घटाटोप में मुझे अच्छी तरह देखने के लिए वह पलंग के चारों ओर घूमने लगा और फिर आश्वस्त होकर प्रहरी की चिरपरिचित मुद्रा में मेरे पलंग के नीचे जा बैठा। दो घंटे बाद बहुत समझाने-पुचकारने के उपरान्त ही उसे घर पहुँचाया जा सका।

तब से हर दूसरे दिन अस्पताल न ले जाने पर वह अनशन आरम्भ कर देता। इस प्रकार अस्पताल में भी वह नियमित रूप से मिलने आनेवालों में गिना जाने लगा और डॉक्टर, नर्सें, सब उससे परिचित हो गये।

नीलू को चौदह वर्ष का जीवन मिला था और जन्म से मृत्यु के क्षण तक वह मेरे पास ही रहा; अत: उससे सम्बद्ध घटनाओं और संस्मरणों की संख्या बहुत अधिक है।

कुत्तों में वह केवल कजली के सामीप्य से ही प्रसन्न रहता था, परन्तु कजली और बादल एक क्षण के लिए भी एक-दूसरे से अलग नहीं रह सकते थे। परिणामत: नीलू बेचारा एकाकी ही रहा।

जीवन के समान उसकी मृत्यु भी दैन्य से रहित थी 'कुत्ते की मौत मरना' कहावत है, परन्तु यदि नीलू के समान शांत निर्लिप्त भाव से कोई मृत्यु का सामना कर सके, तो ऐसी मृत्यु मनुष्य को भी काम्य होगी।

मेरे पास अनेक जीव-जन्तु हैं, परन्तु जिसके बुरा मान जाने की मुझे चिन्ता हो, ऐसा अब कोई नहीं है।

निक्की, रोजी और रानी

बाल्यकाल की स्मृतियों में अनुभूति की वैसी ही स्थिति रहती है, जैसी भीगे वस्त्र में जल की। वह प्रत्यक्ष नहीं दिखाई देता किन्तु वस्त्र के शीतल स्पर्श में उसकी उपस्थिति व्यक्त होती रहती है। इन स्मृतियों में और भी विचित्रता है। समय के माप से वे जितनी दूर होती जाती हैं, आत्मीयता के परिमाण में उतनी ही निकट आती जाती हैं।

मेरे अतीत बचपन के कोहरे में जो रेखाएँ अपने संपूर्ण महत्त्व के विविध रंगों में उदय होने लगती हैं, उनके आधारों में तीन ऐसे भी जीव हैं, जो मानव समष्टि के सदस्य न होने पर भी मेरी स्मृति में छपे से हैं। निक्की नेवला, रोजी कुत्ती और रानी घोड़ी।

रोजी की जैसे ही आँखें खुलीं, वैसे ही वह मेरे पाँचवें जन्मदिन पर, पिता जी के किसी राजकुमार विद्यार्थी द्वारा मुझे उपहाररूप भेंट कर दी गई। स्वाभाविक ही था कि हम दोनों साथ ही बढ़ते। रोजी मेरे साथ दूध पीती, मेरे खटोले पर सोती, मेरे लकड़ी के घोड़े पर चढ़कर घूमती और मेरे खेल-कूद में साथ देती। वस्तुत: मेरे पशु-प्रेम का आरम्भ रोजी के साहचर्य से माना जा सकता है, जो तेरह वर्ष की लम्बी अवधि तक अविच्छिन्न रहा।

रोजी सफेद थी, किन्तु उसके छोटे-सुडौल कानों के कोने, पूँछ का सिरा, माथे का मध्य भाग और पंजों के अग्रांश कत्थई रंग का होने के कारण उसमें कत्थई किनारीवाली सफेद साड़ी की शबल रंगीनी का आभास मिलता है। वह छोटी पर तेज टैरियर जाति की कुत्ती थी, और कुछ प्रकृति से और कुछ हमारे साहचर्य से श्वान-दुर्लभ विशेषताएँ उत्पन्न हो जाने के कारण घर में उसे बच्चों के समान ही वात्सल्य मिलता था। हम सबने तो उसे ऐसा साथी मान लिया था, जिसके बिना न कहीं जा सकते थे, और न कुछ खा सकते थे।

उस समय पिता जी इन्दौर के डेली कॉलेज (जो राजकुमारों का विद्यालय था) के वाइस-प्रिन्सिपल थे और हम सब छावनी में रहते

थे, जहाँ दूर तक कोई बस्ती ही नहीं थी। हमें पढ़ानेवाले शिक्षक प्रातः और संध्या समय आते थे। इस प्रकार दोपहर का समय हमारे लिए अवकाश का समय था, जिसे हम अति व्यस्तता में बिताते थे।

सबसे छोटा भाई तो हमारी व्यस्तता में साथ देने के लिए बहुत छोटा था, परन्तु मैं, मुझसे छोटी बहिन और उससे छोटा भाई दोपहर भर बया चिड़ियों के घोंसले तोड़ते, बबूल की सूखी और बीजों के कारण बजनेवाली छीमियाँ बीनते घूमते रहते। ग्रीष्म में जब हवा ठहर-सी जाती थी, वर्षा से जब वातावरण गलकर बरसने-सा लगता था और शीत में जब समय जम-सा जाता था, हमारी व्यस्तता एक-सी क्रियाशील रहती थी।

घूमते-घूमते थक जाने पर हमारा प्रिय विश्रामालय एक आम के वृक्ष से घिरा सूखा पोखर था, जिसका ऊँचा कगार पेड़ों की छाया में 8-9 फुट और खुली धूप में 4-5 फुट के लगभग गहरा था। कई आम के पेड़ों की शाखाएँ लम्बी-नीची और सूखे पोखर पर झूलती-सी थीं। सूखी पत्तियों ने झड़-झड़कर सूखी गहराई को कई फुट भर भी डाला था। हम तीनों डाल पर बैठकर झूलते रहते या रॉबिन्सन क्रूसो के समान अपने समतल समुद्र के गहरे टापू की सीमाएँ नापते रहते। घूमने के क्रम में यदि हमें कोई मकोई का पौधा या करौंदे की झाड़ी फूली-फली मिल जाती, तो नन्दन वन की प्रतीति होने लगती।

हमारे इस भ्रमण में रोजी निरंतर साथ देती। जब हम डाल पर बैठकर झूलते रहते, वह कगार के सिरे पर हमारे पैरों के नीचे बैठी कूदने के आदेश की आतुर प्रतीक्षा करती रहती। जब हम पोखर की परिक्रमा करते, वह हमारे आगे-आगे मानो राह दिखाने के लिए दौड़ती और जब हम मकोई और करौंदे एकत्र करने लगते, तब वह किसी झाड़ी की छाया में बड़े विरक्त भाव से बैठी रहती। गर्मी के दिनों में आम के पेड़ों से छोटी-बड़ी अँबिया हवा के झोंके से नीचे गिरती रहती और उनके गिरने के स्वर के साथ रोजी सूखे

पोखर में कूदती और पत्तियों के सर-सहराहट भरे समुद्र में से उसे खोज लाती। कच्ची कैरी की चेपी लग जाने से बेचारी का गुलाबी छोटा मुँह धबीला हो जाता, परन्तु वह इस खोज-कार्य से विरत न होती।

दोपहर को पिता जी कॉलेज में रहते और माँ घर के कार्य वा छोटे भाई की देखभाल में व्यस्त रहतीं। रामा बाजार चला जाता और कल्लू की माँ या तो सोती या माँज-माँजकर बर्तन चमकाने में दत्तचित्त रहती। वे सब समझते कि हन लोग या तो अपने कमरे में सो रहे हैं या पढ़-लिख रहे हैं। पर हम कुछ ऊँची खिड़की की राह से पहले रोजी को उतार देते और फिर एक-एक करके तीनों बाहर बगीचे में उतरकर करौंदे की झाड़ियों में छिपते-छिपाते अपने उसी सूने मुक्तिलोक में पहुँच जाते। तीन में से किसी को भी कमरे में छोड़ना शंका से रहित नहीं था, क्योंकि वह बिस्कुट, पेड़ा, बर्फी आदि किसी उत्कोच के लोभ में मुखबिर बन सकता था। परिणामत: तीनों का जाना अनिवार्य था। रोजी भी हमारे निर्बन्ध-सम्प्रदाय में दीक्षित हो चुकी थी, अत: वह भी साथ आती थी। हमारे अभिमान के रहस्य को वह इतना अधिक समझ गई थी कि दोपहर होते ही खिड़की से कूदने को आकुल होने लगती और खिड़की से उतार दिये जाने पर नीचे बैठकर मनोयोगपूर्वक हमारा उतरना देखती रहती। कभी खिड़की से कूदते समय हममें से कोई उसी के ऊपर गिर पड़ता था, पर वह चीं करना भी नियम-विरुद्ध मानती थी। ऐसे ही एक स्वच्छन्द विचरण के उपरान्त जब हम आम की डाल पर झूल-झूलकर अपने संग्रहालय का निरीक्षण कर रहे थे, तब एक आम गिरने का शब्द हुआ। रोजी नीचे कूदी। कुछ देर तक वह पत्तियों में न जाने क्या खोजती रही, फिर हमने आश्चर्य से देखा कि वह मुँह में किसी जीव को दबाये हुए ऊपर ला रही है। वस्तुत: उस सूखे पोखर के नीचे कगार में बिल बनाकर किसी नकुल दम्पत्ति ने प्रजापति के कार्य में सक्रिय सहयोग देना आरम्भ किया था। उनकी नकुल-सृष्टि का कोई लघु, परन्तु हमारे ही समान अराजकतावादी सदस्य, अपने सृजनकर्त्ताओं की दृष्टि बचाकर सूखी पत्तियों के समुद्र में ऊपर तैर

आया था। पत्तियों से छोटा मुँह निकालकर उसने जैसे ही बाहर के संसार पर विस्मित दृष्टि डाली, वैसे ही अपने-आपको रोजी के छोटे और अँधेर मुख-विवर में पाया। निरन्तर बिना दाँत चुभाये कच्ची अँबिया लाते-लाते रोजी इतनी अभ्यस्त हो गई थी कि उस कुलबुलाते जीव को भी सुरक्षित हम तक ले आई।

आकार में वह गिलहरी से बड़ा न था, पर आकृति में स्पष्ट अन्तर था। भूरा चमकीला रंग, काली कत्थई आँखें, नर्म-नर्म पंजे, गुलाबी नन्हा मुँह, रोओं में छिपे हुए नन्हीं सीपियों से कान, सब कुछ देखकर हमें वह जीवित नन्हा खिलौना-सा जान पड़ा। रोजी ने उसे हौले से पकड़ा था, परन्तु बचने के संघर्ष में उसके कुछ खरोंच लग ही गई थी। चोट के अधिक भय से वह निश्चेष्ट था। उसे पाकर हम सब इतने प्रसन्न हुए कि अपना घोंसले, चिकने पत्थर, जंगली कनेर के फूल आदि का विचित्र संग्रहालय छोड़कर उसे लिये हुए घर की ओर भागे। उस समय की उत्तेजना में हम अपने अज्ञात भ्रमण की बात भी भूल गये, परन्तु माँ ने यह नहीं पूछा कि वह छोटा जीव हमें कहाँ और कैसे मिला। उन्होंने जीव-जन्तुओं को न सताने के सम्बन्ध में लम्बा उपदेश देने के उपरान्त, उसे उसके नकुल माता-पिता के पास बिल में रख आने का आदेश दिया।

हमें बेचारे नकुल शिशु से बड़ी सहानुभूति हुई। छोटे-से बिल में रात-दिन पड़े माता-पिता के सामने बैठे रहने में जो कष्ट बच्चे को हो सकता है, उसका हम अनुमान कर सकते थे। यदि एक छोटे कमरे में हमें सामने बैठाकर बाबू जी रात-दिन पढ़ाते रहें और माँ सिलाई-बुनाई में लगी रहें, तो हमारा क्या हाल होगा। ऐसी ही कोई अप्रिय स्थिति बिल में रही होगी, नहीं तो यह इतना छोटा बच्चा भागता ही क्यों! अतः नकुल शिशु के बिल और बिल-निवासी माता-पिता की खोज में हम अनिच्छापूर्वक गये और खोज में असफल होकर निराश से अधिक प्रसन्न लौटे।

अब तो उस लघु प्राणी का हमारे अतिरिक्त कोई आश्रय ही नहीं रहा। प्रसन्नतापूर्वक हमने अपने खिलौनों के छोटे बक्स को खालीकर

उसमें रुई और रेशमी रुमाल बिछाया। फिर बहुत अनुनय-विनयकर और उसके सब आदेश मानने का वचन देकर रामा को, उसे रुई की बत्ती से दूध पिलाने के लिए राजी किया। इस प्रकार हमारे लघु परिवार में एक लघुत्तम सदस्य सम्मिलित हुआ।

जब रामा की सतर्क देख-रेख में वह कुछ दिनों में स्वस्थ और पुष्ट होकर हमारा समझदार साथी हो गया, तब हम रामा को दिये वचन भूलकर फिर पूर्ववत् अराजकतावादी बन गये।

माँ ने उसका नाम रखा नकुल, जो उसकी जातिवाचक संज्ञा का तत्सम रूप था किन्तु न जाने संक्षिप्तीकरण की किस प्रवृत्ति के कारण हम उसे निक्की पुकारने लगे।

पालने की दृष्टि से नेवला बहुत स्नेही और अनुशासित जीव है। गिलहरी के खाने योग्य कीट, पतंग, फल, फूल आदि कोई भी खाद्य खाकर वह अपने पालनेवाले के साथ चौबीसों घण्टे रह सकता है। जेब में, कन्धे पर, आस्तीन में, बालों में, जहाँ कहीं भी उसे बैठा दिया जावे, वह शान्त स्थिर भाव से बैठकर अपनी चंचल पर सतर्क आँखों से चारों ओर की स्थिति देखता-परखता रहता है।

निक्की मेरे पास ही रहता था।

उस समय हमारे परिवार में छोटी लड़कियों की वेशभूषा में गोटे-पट्टे से सजा गरारा, कुर्त्ता और दुपट्टा विशेष महत्त्व रखता था, जिसमें वे मध्यकालीन बेगमों के लघु संस्करण जान पड़ती थीं। कभी-कभी प्रगतिशीलता का प्रमाण देने के लिए उन्हें फ्रॉक भी पहनाये जाते थे, जिसके कॉलर, लेस, झालर आदि के घटाटोप में वे क्वीन विक्टोरिया की संगनियों का भ्रम उत्पन्न करके मानो पूर्व-पश्चिम दोनों का प्रतिनिधित्व करती थीं। हमारे जूते तक पूर्व-पश्चिम में विभाजित थे। पूर्व के वेश के साथ छोटी, हल्की और जरी के कामवाली जूतियाँ पहनकर हम घिसटते हुए चलते और पश्चिमीय वेश के साथ घुटने के ऊपर तक काले या सफेद मोजे चढ़ाकर ऊँची एँड़ीवाले और तस्में से कसे-बँधे जूते पहनकर डगमगाते हुए चलते थे। मारे मन और पैर दोनों ही इस

संचरण-पद्धति से विद्रोह करते थे, क्योंकि वह न हमें करौंदे की झाँड़ियाँ लाँघने दे और न दौड़ने।

अत: हम आल्मारी में दोनों प्रकार के पदत्राणों को छिपाकर खिड़की से कूदते और नंगे पैर कंकड़-पत्थरों पर दौड़ लगाते थे।

निक्की या तो मेरे दुपट्टे की चुन्नट में छिपा हुआ झूलता रहता या गर्दन के पीछे चोटी में छिपकर बैठता और कान के पास नन्हा मुँह निकालकर चारों ओर की गतिविधि देखता। रोजी का कार्य तो हमारे साथ दौड़ना ही था, परन्तु निक्की इच्छा होने पर ही अपने सुरक्षित स्थान से कूदकर दौड़ता। एक दिन जैसे ही हम खिड़की से नीचे उतरे, वैसे ही निक्की की सतर्क आँखों ने गुलाब की क्यारी के पास घास में एक लम्बे काले साँप को देख लिया और वह कूदकर उसके पास पहुँच गया। हमने आश्चर्य से देखा कि निक्की दो पिछले पैरों पर खड़ा होकर साँप को मानो चुनौती दे रहा है और साँप भी हवा में आधा उठकर फुफकार रहा है।

निक्की को साँप ने मार डाला, समझकर हम सब चीखने-पुकारने और साँप को पत्थर मारने लगे। यदि हमारा कोलाहल सुनकर रामा न आ जाता, तो परिणाम कुछ दु:खद भी हो सकता था।

उस दिन प्रथम बार हमें ज्ञात हुआ कि हमारा बालिश्त भर का निक्की कई फुट लम्बे साँप से लड़ सकता है। उन दोनों की लड़ाई मानो पेड़ की हिलती डाल से बिजली का खेल थी। निक्की साँप के सब ओर इतनी तेजी से घूम रहा था कि वह एक भूरे और घूमते हुए धब्बे की तरह लग रहा था। साँप फन पटक रहा था, फुफकार रहा था, उसे अपनी कुण्डली में लपेट लेने के लिए आगे-पीछे हट-बढ़ रहा था, परन्तु बिजली की तरह तड़प उठनेवाले निक्की को पकड़ने में असमर्थ था। वह तेजी से उछल-उछलकर साँप के फन के नीचे पैने दाँतों से आघात कर रहा है।

रामा के कारण इस असमय युद्ध का अन्त देखने के लिए तो हम बाहर खड़े न रह सके, परन्तु जब निक्की खिड़की पर आकर बैठा तब

हमने झाँककर साँप को कई खंडों में कटा देखा। निक्की के मुँह में विष न लगा हो, इस भय से रामा ने उसके मुँह को पानी में डुबा-डुबाकर धोया और फिर दूध दिया।

साँप जैसे विषधर को खण्ड-खण्ड करने की शक्ति रखने पर भी नेवला नितान्त निर्विष है। जीव-जगत में जो निर्विष है, वह विष से मर जाता है और जिसमें अधिक मारक विष है, वह कम मारकवाले को परास्त कर देता है। पर नेवला इसका अपवाद है। वह विषरहित होने पर भी न सर्प के विष से मरता है और न संघर्ष में विषधर से परास्त होता है।

नेवला सर्प की तुलना में बहुत कोमल और हल्का है। यदि साँप चाहे तो उसे अपनी कुण्डली में लपेटकर चूर-चूर कर डाले। फण के फूत्कार से मूर्च्छित कर दे, परन्तु वह नेवले के फूल से हल्केपन और बिजली-जैसी गति से परास्त हो जाता है। नेवला न उसे दंशन का अवसर देता है, न व्यूह-रचना का अवकाश। और अपनी लाघवता के कारण नेवले को न विशेष अवसर चाहिए न सुयोग।

इसी बीच में बाबू जी ने मुझे शहर के मिशन स्कूल में भर्ती करने का निश्चय किया। इस योजना से तो हमारा समस्त कार्यक्रम ध्वस्त होने की सम्भावना थी; अत: हम सब अत्यंत दुखी और चिन्तित हुए, परन्तु विवशता थी।

अन्त में एक दिन पुस्तकें लेकर और शिकरम (बन्द गाड़ी जो उन दिनों नागरिक प्रतिष्ठा की सूचक थी) में बैठकर मुझे जाना पड़ा।

निक्की सदा के समान मेरे साथ था, परन्तु बाबूजी के आदेश से उसे घर पर ही छोड़ देना आवश्यक हो गया। मिशन स्कूल पहुँच कर देखा कि वह शिकरम की छत पर बैठकर वहाँ पहुँच गया है। फिर तो उसे कपड़ों में छिपाकर भीतर ले जाने में मुझे सफलता मिल गई। परन्तु कक्षा में उसे मेरे पास देखकर जो कोहराम मचा, उसने मुझे स्तम्भित और अवाक् कर दिया। She has brought a reptile, throw it away आदि कहकर सिस्टर्स तथा सहपाठिनियाँ चिल्लाने-

पुकारने लगीं, तब reptile का अर्थ जानने पर भी मैंने समझ लिया कि वह निक्की के लिए अपमानजनक सम्बोधन है। मैंने कुछ अप्रसन्न मुद्रा में बार-बार कहा कि यह मेरा निक्की है, किसी को काटता नहीं, परन्तु कोई उसके साथ बैठने को राजी नहीं हुआ। निरुपाय मैंने उसे फाटक से चहारदीवारी तक फैली लता में बैठा तो दिया, परन्तु उसके खो जाने की शंका से मेरा मन पढ़ाई-लिखाई से विरक्त ही रहा।

आने के समय जब निक्की कूदकर मेरे कन्धे पर आ बैठा तब आनन्द के मारे मेरे आँसू आ गये। तब से नित्य यही क्रम चलने लगा।

प्रतिदिन मुझे पहुँचाने और लेने रामा आता था और वह पालक के नाते निक्की के प्रति बहुत सदय था; अत: मार्ग भर निक्की मेरी गोद में बैठकर आता था और मिशन के फाटक की लता में या बाग में घूम-घूमकर मेरी पढ़ाई के घंटे बिताता था। छुट्टी होने पर मेरे फाटक पर पहुँचते ही उसका कूदकर मेरे कंधे पर बैठ जाना इतना नियमित और निश्चित था कि उसमें कुछ मिनटों का हेर-फेर भी कभी नहीं हुआ।

मिशन का वातावरण मेरे लिए घर के वातावरण से भिन्न था। वहाँ की वेश-भूषा भिन्न थी, प्रार्थना भिन्न थी, चित्र, मूर्ति आदि भिन्न थे, ईश्वर नाम भी भिन्न था, और इन सबसे बड़ी भिन्नता यह थी कि निक्की का वहाँ प्रवेश निषिद्ध था।

इसके उपरान्त हमारे परिवार में एक सबसे बड़ा जीव सम्मिलित हुआ।

रियासत होने के कारण इंदौर में शानदार घोड़ों और सवारों का आधिक्य था। इसके अतिरिक्त हम अंग्रेज़ों के बच्चों को छोटे टट्टुओं या सफेद गधों (जिनकी जाति के सम्बन्ध में रामा ने हमारा ज्ञानवर्द्धन किया था) में घूमते देखते थे। रामा की कहानियों में तो राजा अपराधियों को गधे पर चढ़ाकर देश निकाला देता था। इन्हें गधों पर

बैठकर प्रसन्नता से घूमते देखकर विश्वास करना कठिन था कि इन्हें दण्ड मिला है। रामा के पास हमारी जिज्ञासा का समाधान था। इन्हें विलायत में गधे पर बैठने का दण्ड देकर भारत भेजा गया है, क्योंकि वहाँ यह वाहन नहीं है।

एक दिन हम तीनों ने बाबू जी को मौखिक स्मृतिपत्र (मेमोरेण्डम) दिया कि हमारे पास छोटा घोड़ा न रहना अन्याय की बात है। यदि अन्य बच्चों को घोड़े पर बैठने का अधिकार है, तो हमें भी यह अधिकार मिलना चाहिए।

बाबू जी ने हँसते हुए पूछा, "सफेद टट्टू पर बैठोगे?" 'तुम कहो'-'तुम कहो' के साथ ठेलमठाल के उपरान्त मैंने अगुआ होकर गम्भीर मुद्रा में उत्तर दिया, "सफेद टट्टू तो गधा होता है, जिस पर बैठाकर सजा दी जाती है।"

पता नहीं, हमारे ज्ञान के अजस्त्र स्रोत रामा को बाबू जी ने डाँटा या नहीं, परन्तु कुछ दिन बाद हमने देखा कि एक छोटा-सा चाकलेट रंग का टटटू आँगन के पश्चिमवाले बरामदे में बाँधा गया है। बरामदा तो घोड़े बाँधने के लिए बनाया नहीं गया था; अत: बाहर से टट्टू को लाने, ले जाने के लिए दीवाल में एक नया दरवाजा लगाया गया और उसकी मालिश करने तथा खाने, पीने, घूमने आदि की देख-रेख के लिए छुट्टन नाम का साईस रखा गया।

अब तो हम उस छोटे टट्टू से बहुत प्रभावित और आतंकित हुए। हमारे तथा हमारे अन्य साथी जीवों के लिए न मकान में कोई परिवर्तन हुआ, न कोई विशेष नौकर रखा गया। रामा को तो नौकर कहा नहीं जा सकता, क्योंकि वह तो डाँटने-फटकारने के अतिरिक्त हमारे कान भी खींचता था। और हमारी खिड़की तक दरवाजे में परिवर्तित न हो सकी, जिससे हम रोजी और निक्की के साथ कूदने के कष्ट से मुक्त हो सकते। बाबूजी से यह सुनकर भी कि वह टट्टू हमारी सवारी के लिए आया है, हम सब चार-पाँच दिन उससे रुष्ट और अप्रसन्न ही घूमते रहे, परन्तु अन्त में उसने हमारी मित्रता प्राप्त

कर ही ली। रामा से उसका नाम पूछने पर ज्ञात हुआ कि उसे ताजरानी कहकर पुकारा जाता है। ताजमहल का चित्र हमने देखा था और रामा और कल्लू माँ की सभी कहानियों में रानी के सुख-दुख की गाथा सुनते-सुनते हम उसके प्रति बड़े सदय हो गये थे। ताजमहल जैसे भवन की रानी होने पर भी यह यहाँ से कहानी की रानी की तरह निकाल दी गई है, यह कल्पना करते ही हमारी सारी ईर्ष्या और सारा रोष करुणा से पिघल गया और हम उसे और अधिक आराम देने के उपाय सोचने लगे।

वह इतनी सुन्दर थी कि अब तक उसकी छवि आँखों में बसी जैसी है। हल्का चाकलेटी चमकदार रंग, जिस पर दृष्टि फिसल जाती थी। खड़े छोटे कानों के बीच में माथे पर झूलता अयाल का गुच्छा, बड़ी, काली, स्वच्छ और पारदर्शी जैसी आँखें, लाल नथुने जिन्हें फुला-फुलाकर वह चारों ओर की गन्ध लेती रहती। उजले दाँत और लाल जीभ की झलक देते हुए गुलाबी ओठोंवाला लम्बा मुँह, जो लोहा चबाते रहने पर भी क्षत-विक्षत नहीं होता था। ऊँचाई के अनुपात से पीठ की चौड़ाई अधिक थी। सुडौल, मजबूत पैर और सघन पूँछ, जो मक्खियाँ उड़ाने के क्रम में मोरछल के समान उठती-गिरती रहती थी। उस समय यह सब समझने की बुद्धि नहीं थी, परन्तु इतने दीर्घकाल के उपरान्त भी स्मृतिपट पर वे रेखाएँ ऐसे उभर आती हैं, जैसे किसी अदृश्य स्याही में लिखे अक्षर अग्नि के ताप से प्रत्यक्ष होने लगते हैं।

हम बार-बार सोचते हैं कि वह कुछ और छोटी क्यों न हुई। होती तो हम रोजी और निक्की के समान उसे भी अपने कमरे में रख लेते।

रानी को अपने कमरे में ले जाना संभव नहीं था; अतः अस्तबल बना हुआ बरामदा ही हमारी अराजकता का कार्यालय बना। बरामदा घोड़े बाँधने के लिए बना नहीं था; अतः उसकी दीवार में एक खुली आल्मारी और कई आले-ताख थे। उन्हीं में हमारा स्वेच्छया विस्थापित और शरणार्थी खिलौनों का परिवार स्थापित होने लगा।

रानी की गर्दन में झूल-झूलकर, उसके कान और अयाल में फूल खोस-खोसकर और उसकी बिस्कुट, मिठाई आदि खिला-खिलाकर थोड़े ही दिनों में हमने उससे ऐसी मैत्री स्थापित कर ली कि हमें न देखने पर वह अस्थिर होकर पैर पटकने और हिनहिनाने लगती।

फिर हमारी घुड़सवारी का कार्यक्रम आरम्भ हुआ। मेरे और बहिन के लिए सामान्य छोटी पर सुन्दर जीन खरीदी गई और भाई के लिए चमड़े के घेरेवाली ऐसी जीन बनवाई गई, जिससे संतुलन खोने पर भी गिरने का भय नहीं था।

बाहर के चबूतरे पर खड़े होकर हम बारी-बारी से रानी पर आरूढ़ होते और छुट्टन साथ दौड़ता हुआ हमें घुमाता। सबेरे भाई-बहिन घूमते और स्कूल से लौटने पर तीसरे पहर या संध्या समय मेरे साथ वह कार्यक्रम दोहराया जाता।

परन्तु ऐसी सवारी से हमारी विद्रोह प्रकृति कैसे सन्तुष्ट हो सकती थी। अस्तबल में रानी की गर्दन में झूलकर तथा स्टूल के सहारे उसकी पीठ पर चढ़कर भी हमें संतोष न होता था।

अन्त में एक छुट्टी के दिन दोपहर में सबके सो जाने पर हम रानी को खोलकर बाहर ले आये और चबूतरे पर खड़े होकर उसकी नंगी पीठ पर सवारी करके बारी-बारी से अपनी अधूरी शिक्षा की पूरी परीक्षा देने लगे।

यह स्वाभाविक ही था कि ताजरानी हमारी अराजक प्रवृत्तियों से प्रभावित हो जाती। वास्तव में बालकों में चेतना के विभिन्न स्तरों का बोध न होकर सामान्य चेतना का ही बोध रहता है। अत: उनके लिए पशु-पक्षी, वनस्पति सब एक परिवार के हो जाते हैं।

निक्की रानी की पूछ से झूलने लगता था, रोजी इच्छानुसार उसकी गर्दन पर उछलकर चढ़ती और नीचे कूदती थी और हम सब उसकी पीठ पर ऐसे गर्व से बैठते थे मानो मयूर सिंहासन पर आसीन हैं।

रानी हम सबकी शक्ति और दुर्बलता जानती थी। उसकी नंगी पीठ पर अयाल पकड़कर बैठनेवालों को वह दुल्की चाल से इधर-उधर

घुमाकर संतुष्ट कर देती थी। परन्तु एक बार मेरे बैठ जाने पर भाई ने अपने हाथ की पतली संटी उसके पैरों में मार दी। चोट लगने की तो सम्भावना ही नहीं थी, परन्तु इससे न जाने उसका स्वाभिमान आहत हो गया या कोई दु:खद स्मृति उभर आई। वह ऐसे वेग से भागी मानो सड़क, पेड़, नदी, नाले सब उसे पकड़ बाँध रखने का संकल्प किये हों।

कुछ दूर मैंने अपने आपको उस उड़न खटोले पर सँभाला परन्तु गिरना तो निश्चित था। मेरे गिरते ही रानी मानो अतीत से वर्तमान में लौट आई और इस प्रकार निश्चल खड़ी रह गई, जैसे पश्चाताप की प्रस्तर प्रतिमा हो।

साथियों की चीख-पुकार से सब दौड़े और फिर बहुत दिनों तक मुझे बिछौने पर पड़ा रहना पड़ा। स्वस्थ होकर रानी के पास जाने पर वह ऐसी करुण पश्चाताप भरी दृष्टि से मुझे देखकर हिंनहिनाने लगी कि मेरे आँसू आ गये।

एक बार भाई के जन्मदिन पर नानी ने उसके लिए सोने के कड़े भेजे। सामान्यत: हम कोई भी नया कपड़ा या आभूषण पहनकर रानी को दिखाने अवश्य जाते थे। सुन्दर छोटे-छोटे शेर मुँहवाले कड़े पहनकर भाई भी रानी को दिखाने गया और न जाने किस प्रेरणा से वह दोनों कड़े उतारकर रानी के खड़े सतर्क कानों में वलय की तरह पहना आया।

फिर हम सब खेल में कड़ों की बात भूल गये। सन्ध्या समय भाई के कड़ेरहित हाथ देखकर जब माँ ने पूछताछ की तब खोज आरम्भ हुई। पर कहीं भी कड़ों का पता नहीं चला।

रानी अपने कोने को खुरों से खोदती और हिनहिनाती रही। अन्त में बाबू जी का ध्यान उसकी ओर गया और उन्होंने छुट्टन को कोने की मिट्टी हटाने का आदेश दिया। किसी ने कुछ गहरा गड्ढा खोदकर दोनों कड़े गाड़ दिये थे। दण्ड तो किसी को नहीं मिला, परन्तु रानी सारे घर के हृदय में स्थान पा गई।

एक घटना अपनी विचित्रता में स्मरणीय है। एक सबेरे उठने पर हमने रानी के पास एक छोटे-से घोड़े को देखा। यह कहाँ था?' कह-कहकर हमने रामा को इतना थका दिया कि उसने निरुपाय घोषणा की कि वह नया जीव रानी के पेट में दाना-चारा खाकर सो रहा था। भाई ने उत्साह से पूछा, 'और भी है' रामा ने स्वीकृति में सिर हिलाया।

अब तो हम विस्मित भी हुए और क्रोधित भी। यह छोटे जीव कोई काम-धाम नहीं करते और हमको पीठ पर बैठाकर दौड़नेवाली रानी का दाना-चारा स्वयं खाकर उसके पेट में लेटे रहते हैं।

भाई ने कहा—रानी का पेट चीरकर हम कम से कम एक और बच्चा घोड़ा निकाल लें—तब बच्चे घोड़ों पर वे छोटे बहिन-भाई बैठेंगे और रानी मेरी सेवा में रहेगी। प्रस्ताव मुझे भी उचित जान पड़ा, पर जब एक दोपहर को वह कहीं से शाक काटने का चाकू ले आया, तब मेरे साहस ने उत्तर दे दिया। एक और था। समस्या की ओर हमारा ध्यान गया। आखिर हम रानी का पेट सियेंगे कैसे! माँ की महीन-सुई से तो सीना संभव नहीं था। टाट सीने का बड़ा सूजा रामा अपनी कोठरी में रखता था जहाँ हमारी पहुँच नहीं थी। कुछ दिनों के उपरान्त जब रानी का अश्व-शिशु कुछ बड़ा होकर दौड़ने लगा तब हमें न अपना क्रोध-स्मरण रहा और न प्रस्ताव।

फिर अचानक हमारे अराजक राज्य पर क्रान्ति का बवंडर बह गया और हमें समझदारों के देश में निर्वासित होना पड़ा। अवकाश के दिनों में जब हम घर लौटे, तब निक्की मर चुका था, रानी और उसका बच्चा पवन किसी को दे दिये गये थे। केवल दुर्बल, अकेली और खोई-सी रोजी हमारे पैरों से लिपटकर कू-कू करके रोने लगी।

❑❑❑